跟随美的足迹

江 萍
杭胆锋　巍
王　　放
方　　祁　主编
宋

上海财经大学出版社

图书在版编目(CIP)数据

跟随美的足迹 / 江萍等主编. —上海：上海财经大学出版社, 2020.11
ISBN 978-7-5642-3626-7 / F.3626

Ⅰ.①跟… Ⅱ.①江… Ⅲ.①美术课—教案(教育)—中小学 Ⅳ.①G633.955.2

中国版本图书馆CIP数据核字(2020)第146373号

责任编辑　刘　兵
封面设计　王　巍
封面作品　《江畔日出船叠影》　宋　祁

跟随美的足迹

著 作 者：江　萍　杭胆锋　王　巍　方　放　宋　祁
出版发行：上海财经大学出版社有限公司
地　　址：上海市中山北一路369号(邮编200083)
网　　址：http://www.sufep.com
经　　销：全国新华书店
印刷装订：江苏凤凰数码印务有限公司
开　　本：787mm×1092mm　1/16
印　　张：11.25
字　　数：220千字
版　　次：2020年11月第1版
印　　次：2020年11月第1次印刷
定　　价：128.00元

前　言

不拘方圆　自成一曲

　　《跟随美的足迹》是一本美术教师写的书，美术教师在每一个学校都是独特而不可或缺的存在！当主课教师们在文字、数字、字母间低头蹙眉苦思冥想时，一个个方形的教室仿佛凝固一般。只有美术教师们在线型的走廊中轻快穿梭，他们用美术将方形变得错落有致，摈弃了枯燥、单一，平添了美好。美术教师是学校最灵动的风景！

　　每当美术教师们集中到"江萍名教师工作室"，都有一种别样的协调，都自有流动旋律的独特，有一种内在的默契，有彼此包容的宽容心。在教育学院这样一个充满学术味且充满自由度的环境中，教师们在一起，既可以尽情地做自己，又可以形成榫卯之合力。

　　我潜意识里执念于平等，我下意识地喜爱公正，我相信成就别人也是成就自己，特别是当我面对一双双年轻、单纯而又充满期待的眼神，我内心充满使命感。美术教育是学校的副科，但在"江萍名教师工作室"，美术教育就是主科，每个美术教师都是主角，这让每位教师从内心焕发出自主发展的需求。每个人根据自己的特长承担一份任务，每个人都平等地享有发展的权利。工作室为每个人搭建一个独特的属于他/她自己的平台，让他/她在这个平台上认识自己，获得更多让自己不断完善的方法和途径。充分地展示自己，让更多的人看到他们的努力，看到他们与众不同的闪光点。

　　工作室的目标是让每个人都变成独特的、更好的自己，为了打破美术教师习惯于动手而不屑于动口的惯性，使他们在课堂上善于用语言调节课堂气氛，准确演绎教学重点，机智与学生互动，工作室组织了4次不同类型的演讲活动和18次公开教学活动。每次都用表格清晰地标注上每个教学过程的要求和重点难点，然后用对应方法记录他们教学过程中的每一句话、每一个动作。课后集体对每个细节过滤，每句语言斟酌，生生练就了老师们自如阐述思想的独特语言表达能力。当我看到敏于行纳于言的他们，在演讲的舞台上侃侃而谈，在课堂上用声情并茂、跌宕起伏的语言引领孩子们在知识的海洋里自由探索时，我为他们自豪。其中的点点滴滴的努力、闪闪发光的感动都记录在了《跟随美的足迹》里。

美术教师素以"懒笔头"自称。如何提高他们的教学研究能力，用任务驱动法，以《不一样的美术课》为题，根据每个教师的特长，编写美术案例篇、教学研讨篇、教学日记篇、理论总结篇等六本系列书籍。这六本书让每位教师的教研能力上升到了一个独特的高度，也让他们付出了高于常人无数倍的努力。多少次日夜兼程，多少个奋笔疾书、查找资料、自发研讨中度过的休息日。终于他们的实践与研究成为一本本出版物。这里有他们对教学实践的真知灼见，有对教学理论的深入思考，聚沙成塔、集腋成裘，这些精华都镶嵌于《跟随美的足迹》中。

老师们最喜欢的就是每年暑假自发生成的"写生吃苦夏令营"。在烈日炎炎的夏天，教师们聚在一起，心因为美术而兴奋地跳动，大家背着沉甸甸的美术工具，仿佛回到了学生时代。在绿色的乡间小路迎着土腥味的风，老师们的语言满是色彩、造型、构图，此刻他们的世界除了美术没有其他。老师们在古老的江南小镇徜徉，他们会因为一个造型奇异的窗格而惊喜，会因为一处栩栩如生的壁雕久久不愿离去，在褪色的青瓦白墙间，用画笔感受中国古建筑的精彩和中国人的智慧。天色未明的清晨，老师们都会自发地找到最美的景点，各自悄无声息的沉溺于写生的自我世界里。夜晚乡村已经万籁寂静。老师们还在灯光下，边画边回味，食不知滋味，睡不知何时。几年来大家的美术技能年年见长，作品也许不如名家那样精彩，却都蕴涵着一个个美术老师独有的情怀。

教师们很幸运。工作室始终有令人敬佩的导师引领！张家素导师艺术底蕴深厚、宽容仁爱、虚怀若谷，他潜移默化地丰厚了老师们师德与艺术的基底，给教师们前进力量！傅刚导师美术专业上的独到与真实、纯粹，让大家感受到了专业高度的同时也领略了一位美术教师独特可贵的职业特征。瞿剑宛导师对美术专业的孜孜以求、精益求精，对美术教育理论的不断开拓，让教师们敬佩有加，也激励教师们不断打破现有的状态去追求新的境界。朱健朴导师内敛低调，艺术修养厚重，对美术教育的追求严谨认真、一丝不苟，他让教师们减去许多燥气，更加脚踏实地不断前行！老师们感受过同龄人艺术家罗陵君老师在事业与家庭双重压力之中如何独辟蹊径，孜孜不倦攀登艺术与教育一个又一个高峰。实实在在的感同身受，给同样境遇中的教师们许多新的启示。奚赛联导师！一位画风明丽、诗意独特的艺术家，他对艺术的独特感受激发了老师们潜在的美感，他敏锐地感受到教师们每个人的艺术特点，自然地把老师们这种绘画特点抽取提升为各具个人风格的绘画作品，让老师们发现了自己都没有意识到的艺术潜质，不仅使每个人艺术审美提高到了一个新的境界，也将奚老师这种富有创意的指导风格，活学活用到了美术教学中，使美术教学多了审美与创造的特质。

看着这些美术教师们如雨后的山岚，慢慢卓然于群，我心中甚是欣慰。这几年他们在市区公开教学比赛中屡屡获奖。工作室的区骨干教师年年递增，五位教师晋升为中学高级教师。他们用自己加倍的努力，积淀了美术教学厚实的基本功；他们用自己的美术专业带领孩子不断追逐着美的足迹。

美术教师，没有数学教师的严谨，没有语文教师的口才；他们有的是感受美的情怀，表达美的技能，传达美的方法；美术教育以情感为特质，情感是自由的，它源自美好的事物，随缘而生。美术教师带给孩子们爱这个世界的力量，他们用画笔引领孩子用美术表达情绪，让他们在学习的重重压力之下，仍然有一个滋润平和的心态，让孩子们意识到生命的美好与璀璨。美术教师的写作，没有那么多清规戒律，是随意截取，虽然不拘方圆但自成一曲，美术教师的一幅幅习作也许会在你的书架上散发出兰花般微微清香。

特级教师　江　萍

2020.4

目　录

前言　不拘方圆　自成一曲..001

第一部分　美术专业提升

教师作品

　　张家素..002

　　瞿剑宛..004

　　傅　刚..006

　　朱健朴..008

　　奚赛联..010

　　罗陵君..012

　　张海森..014

　　宋　祁..016

　　江　萍..018

学员作品

　　包宇菲..022

　　操晓臻..028

　　杜　蘅..034

　　方　放..040

　　杭胆锋..046

马婧毅 ... 052
沈佳芸 ... 058
王　巍 ... 064
俞　健 ... 072
钟一芬 ... 080
朱　麟 ... 088
朱　勤 ... 094

学友作品

江潇琳 ... 102
陆伟莉 ... 104

第二部分　教育思考与实践

小学美术剪纸教学的思考与实践 ... 108
创意工艺教学中"举一反三"策略的运用 ... 114
像牛顿一样 ... 118
巧妙组合、拓展思维 ... 119
减负增效，云课堂来帮忙 ... 120
当传统和现代相遇 ... 126
在折纸活动中培养幼儿的探索能力 ... 132
小学美术课堂评价量规的设计运用 ... 138
美术活动中的教以适合幼儿的发展形态为要旨 ... 142
问题引导的重要性 ... 145
两个与众不同的"优⁺" ... 150

第三部分　滨江主题画

江　萍　巨臂绘新图　水彩画 …………………………………………………… 154

包宇菲　美丽的滨江　水彩画 …………………………………………………… 155

方　放　忆往惜今　水彩画 ……………………………………………………… 156

方　放　漫步滨江　水彩画 ……………………………………………………… 157

方　放　老码头的记忆　水彩画 ………………………………………………… 158

杭胆锋　驳船码头1　水彩画 …………………………………………………… 159

杭胆锋　驳船码头2　水彩画 …………………………………………………… 160

黄　兰　往昔　水彩画 …………………………………………………………… 161

陆伟莉　建设滨江　水彩画 ……………………………………………………… 162

俞　健　滨江一角　水彩画 ……………………………………………………… 163

王　巍　滨江老街　水彩画 ……………………………………………………… 164

王　巍　红色塔吊　水彩画 ……………………………………………………… 165

朱　麟　记忆中的十七棉纺厂　水彩画 ………………………………………… 166

朱　麟　滨江一角：杨树浦电厂　吹塑纸版画 ………………………………… 167

朱　勤　畅想滨江　水彩画 ……………………………………………………… 168

钟一芬　晨曦的滨江　水彩画 …………………………………………………… 169

第一部分

美术专业提升

〉〉〉

教师作品

张家素

上海市特级教师

▲ 山泉涌流　油画

瞿剑宛

上海市特级教师、正教授

瞿剑宛　　005

▲ 秋趣　国画

▲ 秋实　国画

 跟随美的足迹

傅 刚

上海市特级教师

傅 刚　007

▲ 邮电大楼　油画

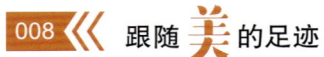

朱健朴

上海市特级教师

朱健朴

▲ 船　国画

跟随美的足迹

奚赛联

著名画家　中国美术家协会会员

锡耶纳老城　水彩画

012 跟随 美 的足迹

罗陵君

青年画家
"2019上海青年文艺家培养计划"入选者

罗陵君

▲ 张乐平故居　油画

张海森

杨浦区教育学院　副院长

张海森 015

▲ 婺源　纸本油画

跟随美的足迹

宋 祁

杨浦区教师进修学校美术教研员

宋 祁　017

▲ 庭院秋意浓　水彩画

跟随美的足迹

江 萍

上海市特级教师

江 萍

▲ 生活的味道　水彩画

▲ 欧洲小镇　纸本油画

▲ 雪　纸本油画

第一部分

美术专业提升

>>

学员作品

包宇菲

向阳幼儿园

与美同在

美，无处不在。在我们的生活中，到处都是艺术的氛围，随处可见美术影子的气息。美术伴随着我的童年，从小我就喜欢画画。热爱画画的我也曾经一度彷徨过、困惑过，甚至停滞不前。所谓念念不忘，必有回想。就在我苦苦思索时，机缘巧合，我居然有幸加入了江萍名教师工作室，真的是拨开云雾见月明！在工作室中，不仅有良师也有益友。我满足于在这色彩的世界里畅游，编织着自己的梦想。

在江萍老师的引领下，我们一起追随着水彩画家奚赛联老师学油画和水彩画。在将近两年的学习中，奚老师用自己的人格魅力感染着我们每一个人，教会我们一些浅显易懂的方法，学习了前后关系、疏密关系、笔触的处理关系等方法。每次跟着大师学画画，可以用画笔画出自己的梦想，用心灵感受生命的阳光，捧一泓诗意的清泉，陶冶艺术性情，挖掘自己的潜能。让我们在快乐的实践中提升了绘画的技能技巧，也开阔了眼界、收获了经验。

世界上没有比以自己的爱好为事业更令人快乐的事情了。我经历着，学习着，收获着……我会把这份对美术的喜爱传递给我的孩子们，陪伴着他们在美术中感受生活，在生活中学习美术。主动接触、充分感受、大胆创造，在发现美、感受美、创造美的过程中学会享受，与美同在。

包宇菲

▲ 江南水乡　水彩

▲ 欧洲风情　水彩

包宇菲　　025

▲ 希腊街头　纸本油画

▲ 花卉写生　水粉

小巷 水彩

操晓臻

控江二村小学

不再为画望而却步

犹记当初从行知艺术师范毕业时踌躇满志，自认为专业素养不错，做个小学美术老师游刃有余。就这样，凭借中师的专业老本"自信"地工作了十余年。然而自2009年后的一次次经历改变了我吃老本的想法——我参加的名师基地结业汇报要举办师生作品展！记得特级教师张家素老师就对未来的优秀教师提出过"三支笔"的要求，如今我不得不重拾这支"画笔"。

说起来容易，做起来可是举步维艰，总不能临摹吧？那得要创作！

得亏有个画家朋友，在他的提点之下，我硬着头皮临时抱佛脚地完成了展示任务。也就从那一刻起，我又开始重新审视自己的专业发展，我应该牢牢握住这支"画笔"不松手。

可作为一名小学美术教师，我不可能请假去采风，不可能天天搞创作。这对于好不容易有勇气想画画的人来说也算是阻碍重重。这时候，我的又一次转机出现了。我参加了江萍老师的名师工作室，尽管她已经是一位德高望重的特级教师了，但她依然有一颗积极向上、热爱绘画的进取心。在她的积极筹备之下，我们和一位又一位绘画名家近距离接触、学习。

这期间接触最多的就是奚赛联老师了。

无论从绘画技巧、工具的运用、构图的取舍，这些原本对于我们学习过绘画的人而言几乎被忽略或是压根记不起的东西，在奚老师通俗、形象、直观的演示讲解过程中打开了我们堵塞的思路，他随和的个性和幽默的语言让我们也不再对绘画创作产生畏难感、惧怕感。于奚老师而言，我们永远是学生，在跟随老师外出采风、写生、创作的过程中，宽松的学习氛围让我慢慢找到了一种"皮厚"的感觉——画画不怕出丑，一定要敢于问出口。

绘画创作并不可怕，我们画画不是为了成名成家，而是应该体现出一名艺术学科教师的学科素养，只要迈出远离怯懦的第一步，之后的天地就会海阔天空。

操晓臻

▲ 觅　纸本油画

▲ 午后　纸本油画

操晓臻

▶ 夏花　纸本油画

▶ 宁夏　纸本油画

▲ 秋意浓　纸本油画

▲ 丽水印象之一　纸本油画

▲ 丽水印象之二　纸本油画

宏村小巷　水彩

杜蘅

上海市杨浦区青少年科技站

在引领中浸润　在实践中成长

　　我是一名创意画教师，常常游走在"科技"与"艺术"之间，寻找创意的最佳契合点。在2017年有幸进入江萍名师工作室参加学习和培训，这是一个开阔视野和展示自我的平台，在这里每一次的学习都能感受到自己新的进步。

　　特别是在油画棒技法和水彩画教学中，有幸遇见了上海著名的水彩画家奚赛联老师。奚老师平易近人，亲自示范教学，让我难得有机会亲眼观摩了作画的整个过程。更为难得的是奚老师还会教我们调整画面，无论是什么问题的画作到了奚老师手里都能妙笔生辉，不由得让我们啧啧称赞。这不由得让我想起，很多年前我开公开课，课后杨浦教育学院的方贤忠老师和我说过一句，"好的老师是帮助学生重建，而不是摧毁"！这句话我一直记着，并且在工作中常常提醒自己。如今我在奚老师身上也看到了这一点。在工作室，我不仅绘画技法得到了提高，还看到了老师们身上的"人格美"，值得我追随、学习一辈子。正是来自江老师和奚老师的谆谆教诲，汇成了一股股沁人肺腑的暖流、一阵阵催人奋进的号角，支持、激励着我，使我的绘画技能有了很大的提高，对今后我的教育教学工作有了很大的帮助。

　　我是一名创意画教师，在教学过程中常常也会利用到各个学科的交叉教学，有了过硬的绘画基本功对今后的教学帮助是很大的。因为不能仅仅有好的创意，还要把好的创意用美的方式呈现出来，这种创造的过程就会给学生带来无限的快乐。

杜 蘅

036 跟随美的足迹

▲ 鱼米之乡　水彩

▲ 雾霭　水彩

杜 蘅   037

▲ 角落　水彩

▶ 色彩奏鸣曲　水彩

▲ 炊烟　水彩

▲ 晨　水彩

巷　水彩

040 跟随美的足迹

方 放

上海市杨浦区打虎山路第一小学

水彩画可以是"玩"出来的

有一天，江萍老师神秘地对我说："你知道吗，我为你们聘请了一位艺术底蕴深厚、个人艺术风格独特的画家教大家画水彩。"哇！我一听就来劲了，一直很喜欢水彩画，但又不敢画水彩画，原因有二：其一，水彩对教师基本功要求颇高，可谓行家一出手，便知有没有，一笔画错了就没法改动了；其二，缺少系统地学习，曾经跟着网络视频学过，却总觉得不得其要领。这下可以好好学习以弥补自己这方面的不足了。

这位著名的水彩画家就是奚赛联老师。奚老师的第一节课就是让我们玩水彩颜料，他示范把颜料调成厚厚薄薄各种水画在水彩纸上，让这些颜色自然流淌，然后加上树、用水洗出建筑，一幅风景水彩画赫然出现在眼前。我们看得惊诧不已，水彩画竟然可以这么画！

我们也模仿着"玩"起颜料来，没想到添加景物的时候不是把房子画大了，就是把船画错了，要不就是把鸟画僵了。正在懊恼不已的时候，奚老师说："没关系，用水一冲就没了，或者拿把大刷子重新刷一下，画错的地方就与背景融为一体。"在他的帮助下，我们画坏的画一张张被他修补好了，焕然一新地呈现在我们眼前，每个人的画还有各自的特色。不得不感慨他真是个懂方法、能够因材施教的专家老师。

每一次学习时，我们这些学员就虔诚地拿着手机拍下过程，在群里共享范作，并琢磨用色、用笔的方法。奚老师更是毫无保留地示范用纸巾、毛笔、排刷像变魔术般地画出一张张我们认为高难度的画作，真真见识了这位水彩画家深厚的美术功底。原来，水彩画可以如国画般大气，如抽象画般洒脱，更可以如水粉画般随意修改，水彩就是这么玩出来的！通过学习，我学会了大胆用色画水彩风景，学会了用整体块面的方法表现江南建筑，学会了繁中求简地画复杂的花卉……

奚老师是江老师名教师工作室聘请的诸多美术教育"大咖"中的一位，张家素老师、瞿剑宛老师、黄阿忠老师都曾经做过我们的老师。这些老师用他们的人格魅力影响着我，更让我从他们的教学中悟出了一些美术教育的道理。我非常喜爱江萍名教师工作室，喜爱和大家在一起学习美术。

方　放

042 跟随美的足迹

▲ 秋色 水彩

▲ 好雨知时节 水彩

方 放

▲ 乡间　水彩

▲ 婺源的清晨　水彩

▲ 巍巍长城　水彩

▲ 大风车　水彩

▲ 新场古镇　水彩

岁月　水彩

杭胆锋

上海市育鹰学校

逐　梦

绘画是我童年的梦想，人生蜿蜒曲折，我却始终没有放弃。几经周折终于成了一名美术老师，格外的珍惜啊。也特别担心自己的美术专业底蕴不能胜任孩子们的期待。我利用一切机会和一切时间自学美术技能。正值学习瓶颈期，有幸得到美术教研员的帮助，参加了两届美术技能培训班，丰厚了美术技能。

如何将美术技能与课堂教学结合？2015年参加杨浦区江萍名教师工作室，美术理论水平明显提高，美术教育实践能力增强。有幸获得机会跟随著名水彩画家奚赛联老师学画纸本油画和水彩，他教法浅显易懂、深入浅出，会根据每个老师的艺术特质、艺术水平调整指导，点拨我们创造出一幅幅独一无二的作品。既提升了我们绘画专业技能，又开阔了我们艺术眼界，近两年的学习，初步学到了绘画选题、表现方式和提高美感的方法。理解了"画功"和"课功"之间的关系。深深体会到随着美术教师对美术语言色彩、布局、造型认识的深入。美术课堂教育能进入更开阔更丰富的空间。一个美术教师具备扎实的美术基本功，才是有效提高课堂教学质量的保证。

美术！它依然像当初那样让我着迷。那富有生命力变幻莫测的色彩，那在对比均衡变化中产生无尽美感的结构与布局，我会将这份对美术的热爱传导给我的学生，我会把美的感受渗透给他们。如果将来有一天，他们能将我分享给他们的欣赏美创造美的方法，运用于他们的工作和生活，那么今天我们所做的一切是多么地有意义！

杭胆锋

▲ 晌午　纸本油画

◀ 日出东方　纸本油画

杭胆锋　049

▲ 丽水老街　纸本油画

▶ 婺源写生　纸本油画

◀ 泸沽湖之秋　纸本油画

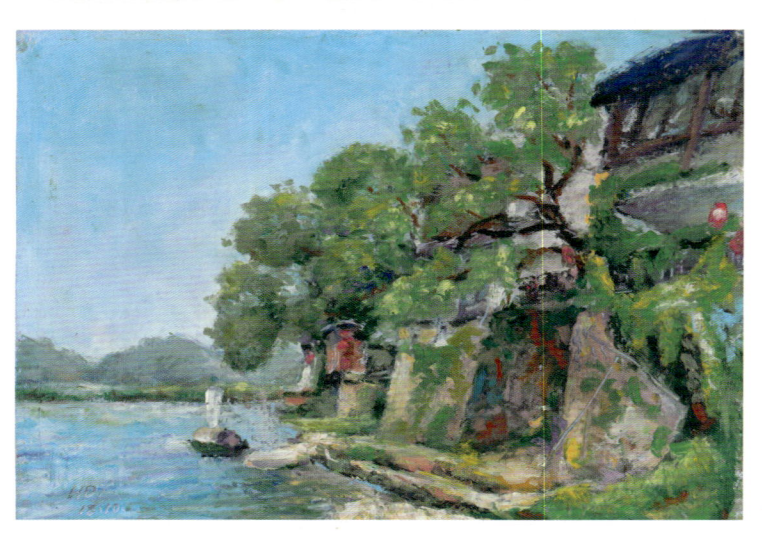

◀ 苏州启园　纸本油画

◀ 大港头写生　纸本油画

丙安古镇　纸本油画

052　跟随 美 的足迹

马婧毅

上海市第二师范学校附属小学

追随美的足迹

我是一名"爱画成癖"的美术教师，一直羡慕江萍名教师工作室老师们有机会跟着名师学画。一个美丽的日子，一段机缘巧合，我居然加入了他们的队伍。和哥哥姐姐们一起学习水彩画，这是一段非常美妙而又治愈的经历，在这里有开放的"画室"，有画家奚赛联老师为我"保驾护航"，我可以大胆、尽兴地"玩色"，奚老师毫无保留地传授我水彩画的技巧，每次的学画经历都使我忘却一切烦恼，珍惜与自己对话的宝贵时光。要是你以为我们总是"闭门造车"那就错了，我们结伴而行，像印象派的画家们那样，到大自然取材、写生。我曾置身无边无际的荷花池，我追随破茧而出的蝴蝶，在阳光下感受那一尘不染的绚丽。我曾因为迷恋雕梁画栋的精美，失足掉进黛瓦白墙间的小水沟……中国古代建筑的美，让我们流连忘返，夜不能寐。我们聚在黄色的白炽灯下一起画画！田间的小虫一起为我们伴奏！桃源美景不过如此！

看着自己的习作，我记得当时的感受和勇敢的每一笔，因为在这自由的"国度"，我可以毫无顾忌地"玩"。

在这里我想吊一下书袋："摆脱人生的根本烦恼和痛苦有两条出路，一是逃往艺术之乡，将世界看成一种美学现象，一是逃往认识之乡，世界就成了实验室。"——尼采

我喜欢这间绘画"实验室"，我是勇敢的实验员。

马婧毅

054 跟随美的足迹

▲ 空蒙的山村　水彩画

马婧毅 055

▲ 层叠的村庄　水彩画

▲ 幻境　水彩画

黄昏的街道　水彩画

沈佳芸

上海市杨浦区中原路小学

名师照亮学习之路

参加江萍老师的名师工作室已经有五年的时间了。五年间，江老师为我们搭建了许多平台，用她自己的行动感染着我们。工作室的学习平台，让我们有了许多观摩优秀课例的机会；聆听了许多教育大咖的精彩讲座；在各种活动中磨砺自己，不知不觉之中提升了自己的教学能力。

作为美术教师，绘画是我们的教学基本功之一，也是体现学科的核心素养。工作后，常常怀念读书时画室的氛围，能够专心致志地画画。没想到，现在又有了这样的机会。江老师为我们请来了画家奚赛联老师为培训我们水彩画。

水彩是自己一直很喜欢又没有机会系统学习的画种。奚老师每一次的示范都让我们赞叹。每次看老师用笔的轻松洒脱，而自己一动笔就觉得手拙。要掌握水彩的水分需要无数次的练习。现在的我们不像学生时代天天有大把的时间能用来画画，所以大家都很珍惜这两周一次的绘画时间。在奚老师和江老师的鼓励下，虽然离自己理想的目标还有距离，但比起刚起步时已经有进展，自己也非常想把水彩学习坚持下去。水彩和扎染也有共通点，水这一媒介起到了非常大的作用。希望有一天我能把两者结合起来，创作作品。

我们在这样专业、快乐的氛围中浸润着、学习着。也在江老师这位经验丰富、认真负责的特级教师的带领下不断成长着。

沈佳芸

060 跟随美的足迹

▲ 午后　水彩

沈佳芸 061

▲ 挪威的森林　水彩

▲ 宁静　水彩

小巷　水彩

王 巍

上海民办打一外国语小学

努力找到最好的自己

"引导学生智慧、创意、快乐地描绘多彩的生活和绚丽的未来,是美术老师的追求。"这句属于我的"名言"一直也都是我所追求的。如何使学生智慧、创意地作画,这需要老师有丰厚的专业知识。自从学校毕业走上工作岗位,我时时不忘自己的专业发展,在发展的道路上自己也觉得越来越迷茫。自从进入江老师工作室学习后,我看到了自己的不足。特别是有一大群像我这样年龄的美术教师,大家可以一起学习讨论一起开课。自己的教学水平也有大大的提升。更有幸跟随水彩画家奚赛联学习水彩,让我对水彩有了更深的了解。特别是水彩画中的水与色的关系,他深入浅出的教学让我领悟了水彩画的真谛。通过近两年系统的学习,对绘画的构图、色彩有了更深的理解,也提高了自己的艺术素养和造诣。

现在回头想想这一路的发展,看看自己近几年来在工作室的作品,从中慢慢看到了最好的自己,"路漫漫其修远兮,吾将上下而求索",相信今后专业发展的路我会走得更坚定。

王 巍

▲ 宏村小景　纸本油画

▲ 小桥　纸本油画

▲ 丽水乡间　纸本油画

▲ 小街 水彩画

◀ 石街 水彩画

▲ 年年月月柿柿红　水彩画

▲ 弄堂的记忆　纸本油画

▲ 外滩源一角　水彩画

黄昏小屋　纸本油画

跟随 美 的足迹

俞　健

上海市杨浦区水丰路幼儿园

当爱好与职业融为一体

如果说,爱好与工作融为一体是此生最大的幸福!那么我就是那个幸福的人。因为爱好,我成为一名幼儿教师,因为爱好,我考入了华师大的美术系深造,也是由于爱好,我幸运地来到了江萍老师的名教师工作室学习。

张家素老师常说,美术老师要牢牢的握好自己的三支笔——画笔、粉笔、钢笔,画笔可是其中无比重要的一支。在江老师的悉心安排下,我们得到了著名水彩画家奚赛联老师毫无保留的教导。跟随奚老师画画的这段日子是一次奇妙的经历,每一次培训结束都是一次升华,他让我们感受到每个人的画都有它独特的特点,他让每个不同艺术起点的人都有了一次艺术上的飞跃。在这里,我们学习如何选择绘画题材、如何巧妙地安排画面、如何处理冷暖色调带来的色彩关系、如何运用不同的笔触表现不同的物体……如果你认为,水彩画学习只是自我修炼,用不到小年龄孩子身上,那就错了,我清晰地记得第一次水彩课是玩色,彩墨在画纸上的游离、融合、扩散形成不同的颜色与块面,我们像孩子一样想象着远山、树林、小船和阳光,最后落笔成画,这不就是一堂"不一样的美术课"吗?水彩画学习给了自身专业的提升,也给了我设计活动的灵感。

如果你问我画画给我的生活带来了什么,我会说:画画是一种生活方式,它能洗涤心灵,让你发现生活中简单的美,当我真的爱上一件事的时候,只觉得自己为它做的还远远不够。如果你问我画画给我的工作带来了什么,我会说:它给我带来了更多的自信和能量。我爱画画,我爱上课,希望爱好与本职相结合能擦出不一样的火花!

俞 健

▲ 婺源小景　水彩画

俞 健

▲ 瓶花　纸本油画

▲ 梦中威尼斯　水彩画

俞 健

▲ 长城长　水彩画

▲ 冬雪　纸本油画

078 跟随美的足迹

▲ 水乡之恋　水彩画

威尔士小湾　纸本油画

跟随 **美** 的足迹

钟一芬

上海市杨浦区中原幼稚园

感 悟

我是一名幼儿园教师，喜欢弹琴和绘画。追随美的足迹，提升自身艺术修养是我一直努力的方向。很幸运我参加了江萍名教师工作室开展的绘画技能的培训，让自身的艺术修养得到了进一步的提升。

很荣幸能够跟着著名水彩画家奚赛联老师学画纸本油画和水彩，在培训中我们学习了如何表现物体和光线的关系，画面局部与整体的关系。画材用了幼儿园最常用的纸本油画和水彩颜料，学习尝试了平时很少涉及的风景画。学习用更专业的方法和技能画景物，我学习到了画纸本油画和水彩画的规律和关键：角度和特征。知道了如何将绘画对象简单化，找出绘画对象最具代表性、最基本最突出的特征，并用流畅动态的线条表现出来。纸本油画和水彩颜料在幼儿园使用最多，对我们今后的教学工作帮助非常大。我发现其实在这里学到的一些技能技巧，调整改变一下完全可以运用到我们日常的教育教学活动中，让小朋友也可以尝试用巧妙的方法画出独特的效果来。

通过绘画培训后我收获很多，更新了我的美术教育理念，解开了我多年来美术教学的一些困惑，坚定了我对自己教学的一些尝试的方向和信心。

我们要更新自己的美术教育理念，知道美术教学的核心要素是让每个幼儿学习如何在生活中发现美、感受美，乐于用自己的方式表现美。而不只是美术技能的传授和简单的临摹。

要让幼儿发现美、感受美，可将美感教育融入幼儿一日生活中，例如可引导幼儿从大肌肉活动中感受身体的美，从人际交往中感受善行的美，从阅读中体验文学的美，从科学活动中感受大自然的美，从数学中感受秩序的美、色彩、图形、建筑的美，让幼儿发现美无处不在。

我很喜欢这样的培训方式和形式，在满满的干货中不断提升我的艺术技能和艺术修养。

钟一芬

082 跟随美的足迹

▲ 桥　纸本油画

钟一芬

▲ 睡莲　纸本油画

▲ 一缕青烟　水彩画

钟一芬 085

▲ 婺源之晨　水彩画

跟随 美 的足迹

◀ 小巷　水彩画

▲ 向往的地方　水彩画

巷尾美景　纸本油画

跟随美的足迹

朱 麟

上海市昆明学校

从小对于绘画偏爱的我，在高考时义无反顾地选择了师范院校学习美术教育。毕业后，来到了流光溢彩的国际大都市——上海，这里有着与众不同的都市美，灯红酒绿，高楼林立，到处是穿着时尚的人们，让我眼前一亮，这样的时尚美让我欢欣雀跃。然而，工作后的我逐渐开始迷茫和困惑，上海这座国际化大都市的快节奏和高压力让我渐渐变得有些不知所措。没有时间画画，没有人指导，感觉一下子没有了方向，自己感觉大学所学越来越不够用了，空荡荡的自己怎能更好地胜任教师这个职业，又怎能更好地培养好祖国的下一代呢？我时常反问自己。

2013年，就在自己困顿迷茫的时候，我有幸加入了江萍老师的名教师工作室，跟随江老师学习。在工作室里学习，让我一下子有了方向和依靠。江老师不仅在教育教学理论及实践方面对我们进行了专业性指导，而且十分关注我们个人美术素养和绘画能力的提升。为了提高我们的绘画技能，工作室

追随美的足迹

特意聘请了赫赫有名的画家奚赛联老师为我们开设了纸本油画和水彩画培训班。让我有机会再次拿起画笔开心地作画，与一群志同道合的美术老师一起学习、探索和研究不同的绘画材料表现的特殊技法，画那些自己喜爱的题材。每周半天的开心时光，我们会风雨无阻地聚集到一起，无论年龄、无论学历和学校，在这里大家只有一个目标，用自己手中的画笔，画出心中所爱的作品。看着调色板上流淌的颜色在自己手中组合出了美妙的画面，心里别提有多高兴了。哪怕你有一点进步，大家也会互相夸奖和鼓励；碰到困难时大家更会相互鼓劲。更重要的是奚老师轻松幽默的语言，对美术理论深入浅出的讲解，让我对美术理论有了更深刻的认识；当场示范、解析不同绘画材料的表现技法技巧，让我直观地感受到了不同风格作品的美；最让我受益匪浅的是，奚老师在示范的同时毫不保留地讲解各种美术理论在绘画实践中的灵活表现和运用。这种言传身教，让我们在直观中学习，然后在实践中运用、感悟和体会的教学方法，不正是我们在平时教学中应该关注的吗？我们不就与讲台下的学生一样吗？此时的我更能理解学生的想法和需求了。因此，我在教学中我常常从学生的角度出发去思考，多问几个为什么，课上课下也会多多与小朋友交流，问问他们喜欢什么，及时对自己的教学设计进行合理化调整。课堂教学中的示范环节时，我更喜欢边画边讲解了，不仅解释绘画的技能技巧，更会将教学目标中的美术理论如何在我画面上运用、为什么这样运用，讲解给学生听。学生对枯燥抽象的美术理论有了直观化的认识，印象更深刻了，课堂教学效果也更好。

现在的我虽然分配到每天的课时增加了，在校更忙碌了。但每当抬头看着墙上自己的新作品，所有的疲倦都没有了，元气满满。我十分享受和盼望每周的这半天时光，让我感觉更充实，方向更明确了。在今后的教育教学中，我将继续努力把我在江萍名师工作室里所学的知识和技能，贯穿到自己的教学实践中去，用丰富的美术理论和多样化的绘画技能丰富自己的课堂，让我的学生更能理解美，爱上美，表现美，最终成为生活中的那个"美"人。

朱　麟

▲ 瓶花　水彩

朱 麟

▲ 静谧的秋湖　水彩

▲ 小巷的晨曦　水彩

欧洲小景·纸本油画

094 跟随 美 的足迹

朱 勤

开鲁新村第一小学

绘向自心

  绘画给我插上翅膀，拿起画笔时它会带我去遥远的地方。从绘画专业学习毕业的我也非常珍惜学习美术技能的机会。2017年参加杨浦区江萍名教师工作室，美术理论水平有提高，教育实践能力增强的同时，更加感悟到孩子们的想象表现能力是无限的，作为美术教师要带领孩子们去探索美，自身就需要不断的研究与实践。在名师工作室学习期间有幸跟随著名水彩画家奚赛联老师学画纸本油画和水彩画，让我的实践与感悟有了提升。

  回想起当时，我看到老师的作品很是心动，自己尝试时却屡屡不得其法，每每看到自己画作里出现的一簇簇斑驳的落笔，就想起那时作画时手足无措的情景。

  奚老师示范的手法如磁石，将人吸引，画面的诗情画意让人沉醉。教法浅显易懂、深入浅出，每个老师的艺术特质、艺术水平各不相同。当有人沉迷于色块的涂抹，画面变得凌乱不堪我们还尚无所感时，奚老师的演示就会让我们体会到画面概括的重要。

  这一刻，我醉心于赏画，醉心于绘画。那一笔笔色块是一只只飞翔的彩蝶，带我到美丽缤纷的大花园，那一幅幅作品又像是一只只萤火虫，"发出了微弱的光，但攒起来将是亮丽的光"。

朱 勤

▲ 溪边　纸本油画

▲ 清晨　水彩

▲ 晨光　水彩

098 跟随美的足迹

▲ 早春　水彩

宁静　纸本油画

100 跟随美的足迹

▲ 盆花　纸本油画

▲ 小径　纸本油画

第一部分

美术专业提升

⌄⌄⌄

学友作品

江潇琳

同济小学

江潇琳

▲ 胜坑古村　水彩画

▲ 夏日的莫斯塔尔桥　水彩画

跟随美的足迹

陆伟莉

上海市杨浦区中原路小学

▲ 远方　水彩画

▲ 上海弄堂　水彩画

第二部分

教育思考与实践

小学美术剪纸教学的思考与实践

杨浦区教育学院小学美术学科教研员　宋　祁

> **摘　要**
>
> 　　剪纸是中国传统民间艺术之一。剪纸工具、材料取自于生活，造型质朴、纹饰感强，是小学美术教学中内容之一。本文通过区域创意剪纸项目研究，重新审视小学美术剪纸，基于学科素养充分挖掘创意剪纸的价值，结合课堂实践，初步归纳出行之有效的教学策略，并列举了今后所需的支持与发展计划，试图突破目前剪纸教学的瓶颈，让教师乐于教、学生乐于学。

一、研究目的

　　剪纸是小学美术教学中主要内容之一。剪纸出现、发展以及传承，以其特有的艺术形式、创作智慧、生活寓意不断推陈出新。国家重视民间传统剪纸的传承，把富有特色的地方民间剪纸列入中国非物质文化遗产名录，民间剪纸艺人得以专心从事剪纸艺术的传授与继承。各地教委也非常重视传统剪纸艺术在学校艺术课程的落实；上海市教委教研室在2004年5月专门刊发了《改进中小学美术课堂教学的几点意见》（征求意见稿）[1]，并明确提出：要加强包括剪纸在内的民间民族艺术的教学，以期小学生通过学习剪纸，欣赏、了解、认识、内化剪纸这一中国非物质文化遗产背后的深厚内涵，并能继承其优秀传统文化。

　　现实是：因教材内容编排、学科师资能力、工具材料等因素，小学美术课上的剪纸教学只是蜻蜓点水，现状堪忧，值得深思。作为市级别的工艺美术研究所、青少年活动中心、街道社区学校等校外机构，虽有较好的师资力量和物质条件，但只可课余培养极少部分爱好剪纸的学生，要弥补校内剪纸教学的不足，则是杯水车薪，相差甚远。笔者想要通过课题研究思考如何改进现状，提升教师自身的创作能力和指导能力，找到行之有效的教学策略，让学生感受剪纸学习的趣味性，从而爱上剪纸，爱上我们的传统文化。

二、研究方法

（一）重新认识美术课程中的剪纸教学

1. 认识小学美术剪纸教学的新含义

目前的小学美术课程和教材对剪纸的界定是，在中国民间流传已久的特色民间工艺。笔者认为这样的认识过于简单化；剪纸起于民间，强调工艺的特点，这个介绍对剪纸的创作构思、剪纸纹饰的审美内涵描述不够。剪纸如同美术的其他门类一样与社会生活有着紧密的联系，可以看到剪纸作品经常被装饰在生活的方方面面，其背后的审美价值是不言而喻的。因此剪纸绝不能简单地被认为是一种单纯的技能技巧训练，应该被看作一种民间传统文化的学习。

2. 思考小学美术剪纸教学的特征

笔者从剪纸教学的整体思考，认为小学美术剪纸贯穿于教学活动的方方面面，应体现在"五性"的特征。即形象性、技术性、艺术性、趣味性、创造性。

小学美术剪纸教学，教师以指导学生创作剪纸作品为主要目的。在教学过程中运用的欣赏作品都是以视觉图像方式呈现，使学生产生艺术的体验和联想；而学生在剪纸创作的过程中，作品从主体造形构思到勾画草图，再到剪制外形、剪制装饰纹样，也都是通过具体的形象符号展现出来的。因此小学美术剪纸教学必须具备形象性的特征。

剪纸是技术较强的工艺作品，而剪纸教学活动与创作过程都是通过画与剪的技艺来表现，因此技术性是小学美术剪纸教学的第二个特征，其技术性包含为剪纸、绘画、教学等技术。

剪纸的艺术性特征最为明确，整个作品具有装饰效果。它是对生活中事物的美化加工，以更为丰富多样的剪纸作品展现，使学生产生感官愉悦，享受剪纸教学过程中的审美愉悦，陶冶了情操。

剪纸教学的主体对象是小学生，因此教学内容的制订、活动设计须关注到剪纸学习兴趣的培养，创设轻松愉快的学习氛围，在游戏的情境中学习剪纸，学生可以体验到剪纸的乐趣。

小学美术剪纸教学活动通过发散性思维、求异性思维、创造性想象与灵感思维等创造性思维为核心的美术剪纸活动展开，剪纸教学能有效促进学生创造性思维的开发，逐步培养学生对于造型的想象力。因此剪纸教学具有创造性特点。

(二)挖掘小学美术剪纸教学的价值取向

以往理解美术课程主要从"美"和"术"两个方面进行解读,美即审美教育,术就是知识技能。一堂构思完整的美术课须是美中有术,术中有美,两者相辅相成,不可分割。在《中小学美术学科核心素养报告》[2]中明确了三个方面的学科素养,即美术语言与基本技能、美术学习的核心能力、美术学习的价值(见下表)。

学科素养	基 本 内 涵
美术学习的核心能力	1.文化理解;2.审美判断;3.想象创造;4.表达交流
美术语言与基本技能	1.造型元素和形式原理;2.构思、描绘、塑造、欣赏
美术学习的价值	形成对善恶、美丑的正确评价与判断

对课程的核心素养的理解和界定,能更全面认识剪纸在美术学习中的意义。把学剪纸看作一种文化学习,有助于培养学生美术欣赏和评价的基本能力,有利于学生理解剪纸包含的造型语意和形式原理,也有利于拓展师生的艺术视野和创作构思,有助于培养创新意识和想象能力;进而促使学生热爱上优秀的传统工艺,对学生美术修养的提升及人格的完善都具有积极作用。

三、结果与分析

(一)归纳基于课程标准的美术剪纸教学的策略

1.规范用剪的安全策略

在剪纸过程中最为重要的是安全使用剪刀。为此,在使用剪刀前制订规范用剪的要求是非常重要的,在教学中应不断强化,使学生养成了良好的用剪习惯,确保了剪纸教学及后续创作顺利展开。在课堂教学中,把使用剪刀的规范要求编成顺口的儿歌,在课前诵读:剪纸须安坐,同桌有距离;剪纸须察看,安全数第一。手指离刀口,刀尖勿近身;剪纸勤思考,规范要记牢。

2.创想为先的鼓励策略

剪纸对于小学生而言,具有一定的剪形难度。加入创作的要求,难度更是提升。为此,在学生学习剪纸之初,教师就应提出剪纸就要剪出不一样的作品,鼓励学生想象、创作自己心中的形象,允许在借鉴教材,在教师范作的基础上作部分改变。以此循序渐进、由浅而深,使学生渐渐达到能独立创作的要求。

3. 手脑并用的趣味策略

根据小学生的年龄特点和审美心理认知水平，小学美术课堂应经常引入游戏，学生在情境中学习知识与技能可以取得事半功倍的学习效果。剪纸教学中要落实创作任务，教师可引入教、学具辅助学生构思，减轻因直接徒手剪纸创作而出现的难度，避免出现更多的创作失误。同时也为学生架构起想象通向制作的桥梁。学生参与剪纸游戏，设计的教具与学具要易操作，具有多变的想象可能性，适合于学生动手和动脑，促进学生把大脑中的想法通过学具充分表现出来。

4. 联系生活的表现策略

剪纸作为一种艺术形式表现的题材，大多数来源于百姓生活中的内容，而小学生也有丰富多彩的学习和生活，每个孩子的经历和阅历是不同的，也就形成了不同的素材来源。美术教师要善于挖掘学生生活中的趣事和热点，帮助他们从视频、数码照片中梳理和发现可以创作的素材。把这些美好的瞬间放大，点燃学生的创作感情，勾起他们快乐的回忆。因此，剪纸学习与创作，须考虑紧密联系生活的创作表现原则，并在教学中一以贯之，可以达到较理想的学习效果。

5. 继承与融合其他美术元素并举的策略

剪纸艺术发展源于民间，其作品中包含了民间文化的艺术特征，更多带着民间喜闻乐见的生活内容与艺术符号。而在学校开展剪纸教学，不仅要让学生了解民间传统剪纸的艺术特色，学习和继承传统剪纸的技艺，感知剪纸纹样的装饰美和审美寓意，更应倡导小学生剪纸贴近生活、贴近生活的环境，随着时代的不断发展，剪纸的内容和形式也要发生创新。

小学生剪纸具有内心情感表达的需要，其作品呈现了儿童特有的造型特点，人物修长，动态生动。表现主题视角较狭窄，但是熟悉的内容。在剪纸教学中既要鼓励学生保留自己的童画特点，又要吸收民间剪纸的纹样装饰效果，使学生剪纸作品表现力更强。

剪纸作品源于民间，作品不仅仅是剪刻的平面效果，还有民间水印木刻、年画等的美术元素。因此在当今剪纸作品中还要善于吸收其他美术元素的优势，丰富传统剪纸单一的表现效果。剪纸作品只有融合了多种元素之后，才能带来新的艺术面貌，这是对传统剪纸的发展和创新。融合了其他美术元素后，剪纸不再只是装饰窗花，许多现有的产品招贴、电视公益广告等都已经运用了剪纸的形式，人们接受和乐于见到剪纸的造型美感，现代剪纸已经成为社会生活的一道独特的风景线。

（二）探索适用的美术剪纸创作教学的具体策略

剪纸创作对于小学生而言，创作指导须考虑其年龄特点，宜营造轻松愉快的学习氛围,创设适合于中低年级的游戏情境,设计图形拼合为主要实践活动,启发构思,在自由、宽松的学习环境中进行剪纸,促进学生思维想象。通过剪纸教学的实践,可将剪纸创作的基本策略概括成12个字,"玩玩想想、涂涂改改、剪剪修修"。由此剪纸的"创作过程"可以理解为:贯穿了玩、想、画、改、剪、修的整个剪纸过程。

1."玩玩想想"策略

"玩玩想想"策略适用于构思阶段。也就是以玩为主,在玩的游戏过程中引起学生的思考,可以是先玩后想,边玩边想,先想再玩,根据教学需要而作调整。具体可以分为"玩"形想物、"玩"线想势、"玩"点想纹三类,玩玩想想剪纸前的热身游戏。

2."涂涂改改"策略

"涂涂改改"策略适用于勾画草图阶段。即是学生把脑中想象的图像造型初步表现在纸上,可以是不完整的图形,可以边画边想,先想再画,允许自由涂改。改是修正原有的造型,使造型与表现的想法更加接近,更趋于完美。具体可以分为"改"线创动态、"改"饰创美纹、"改"形创意趣。

3."剪剪修修"策略

"剪剪修修"策略适用于剪纸阶段。即在参照草图剪纸时可以根据此刻心中更好更新的想法修改原造型,即便已经基本剪成也可以做出修改调整,使作品更加趋于完美。倡导学生剪纸时不仅手动,更须眼睛不断观察,脑子不停思考,剪出合理完美的造型。修剪是在观察和比较过程后调整局部造型,可以是速度较慢,不断调整。具体表现为:先想后剪形、边想边剪纹、剪后再创形。

上述三个教学策略使学生在剪纸的过程中变得更为快乐、更加自主,更具童心。学生既能在观察造型的游戏中获得想象的乐趣,又能在剪纸创作的过程中不断丰富自己的想法,还能在作品中更多地表现特有童心和创意,让剪纸走近学生,享受到如游戏般的快乐。

四、结论与建议

(一)结论

剪纸艺术的发展一直深深扎根于民间,汲取了民间传统文化的养料,逐渐枝繁叶茂,并传承了民族、民间优秀的美术传统。在传统文化中认识剪纸艺术、学习剪纸就是在弘扬中华民族精神。同时剪纸也是紧密贴近学生生活的,在生活学习剪纸,可以更好地体现时代气息和表现生活的气息。另外剪纸创作能体现学生的想象创意能力,把丰富多彩的生活通过剪纸形式表现出来,都是源于学生丰富的情感体验、对事物敏锐的观察能力以及充分的形象思维能力,能最大限度激发学生的创新意识。

小学生学剪纸,是一个循序渐进的剪纸学习过程。剪纸教学在汲取民族优秀传统文化营养的同时,更应该以学生为本,更加关注保留儿童剪纸作品特有的童真质朴风貌,追求剪纸艺术的表现形式,鼓励他们在剪纸过程中的艺术智慧。在剪纸教学设计上,应该以生活为源,辅以简易实用的趣味学具,促进学生开启图像思维之门,使创意源源不断,只有这样,激活的创作欲望和创意想象才会真正得到充分表现,这正是众多美术教师所追求的目标,学生才能更多地享受剪纸学习带来的乐趣。

(二)建议

1. 走进专业工艺美术场馆考察学习

依托设施齐全的剪纸教育资源,通过组织美术教师参观上海市工艺美术博物馆,亲眼目睹剪纸原作,欣赏剪纸图片和文字,从而系统了解剪纸历史的发展,加深美术教师认识剪纸纹饰类型及其各地区特色剪纸的风格,弥补自身对剪纸认知上的专业不足。

2. 请进校外优质教育资源开展剪纸技能类的培训

教师进修学院可以聘请民间剪纸大师进院开设剪纸专题讲座或者举办课程班,为美术教师观摩民间剪纸艺术大师剪纸步骤和当面求教剪纸技艺创造机会,通过短期技能强化和剪纸工艺学习,提升剪纸的技能。

3. 完善剪纸教学内容

剪纸,流传三千年的非物质文化遗产,具有独特的传统文化特性和民俗文化特质,扎根民间,内涵丰厚,与时俱进,每一个时代都呈现了崭新的艺术风貌,以民间艺术形态彰显了我国传统文化精髓。

我们小学阶段的剪纸教学须从实际出发,我们尝试将渗透在小学美术教材内容中的剪纸篇目进行整理。根据剪纸趣味化、生活化、创造性的学习原则,将原教材内容进行分年级梳理,整理出适合于剪纸学习与创作的六课时内容,从而通过学习剪纸,丰富学科内涵,涵养美感,激活学生美术创想的育人价值。

参考文献:

[1]上海市教育委员会教学研究室编,《改进中小学美术课堂教学的几点意见》(征求意见稿)[EB],2004.5。

[2]上海市教育委员会教学研究室编,《教学与评价的风向标——上海中小学各学科核心素养研究[M].上海科技教育出版社,2018.7。

创意工艺教学中"举一反三"策略的运用

——以"折纸粽子"一课为例

杨浦区青少年科技站　杜 蘅

摘 要

"举一反三"的理念在教育过程中是关键点。本文以"折纸粽子"一课为例，引导学生探究折纸粽子中单元模块的主要特点以及组合的方法，并在操作过程培养学生勤于动脑的学习习惯。鼓励学生经过探究，把学生的实践活动贯穿于整个学习过程的始终。

关 键 词

创意工艺　举一反三　策略运用

从教育心理学的角度解释，"举一反三"的"一"代表具有普遍意义的典型事例，"三"代表更多的同类事物。最关键的"反"字则代表一种类推的思维过程。"举一反三"的理念在教育过程中是关键点，由教师的引领转为学生的探索，强调教育不仅要关注教师教什么怎么教，更为重要的是要去关注学什么。

本课内容属于创意工艺制作课，为自编教材。所面向的是校外工艺美术兴趣培训班的学生，这些学生对工艺制作很感兴趣，并且有一些手工制作的基础，因此我所选择的教学内容有一定的难度，要求不仅要学会折纸的基本技巧，还要在教学中拓展学生创新的空间想象力。

一、教学目标与重点、难点

（一）教学目标

1. 知识与技能：
（1）了解折纸粽子的基本特征：由三个单元模块组成。
（2）知道通过纸的不同折叠方法可以形成完全不同的图案效果。

（3）掌握三个单元模块的组合方法及其变化规律。

2. 过程与方法：

（1）通过对基本方法的探索、研究，学会折纸粽子的基本方法。

（2）在基本方法的基础上，举一反三学习运用不同折叠方法形成不同的图案。

3. 情感态度价值观：

（1）通过欣赏、探索和学习，了解包粽子的悠久历史。

（2）通过折纸粽子，提升学生对工艺美术学习的兴趣，陶冶情操之时感受折纸的魅力。

（二）教学重点

三个单元模块的设计制作及其组合方法。

（三）教学难点

掌握单元模块的变化规律，举一反三做相应的变化与创新。

二、教学思路

本节课通过三个探究活动循序渐进、逐步增加难度，具体设计思路如下：

1. 探究活动一

设计这个环节是为了培养学生的探索思维和观察能力，为后面环节的进一步探索做准备。让学生通过自己拆解折好的纸粽子，分析出是由三个单元模块组成的。然后继续拆解单元模块，根据折痕分析出单元模块的制作方法。在这个环节要求学生全神贯注用心记忆折叠的过程，才能完整折叠出一个单元模块。在这个环节要求以小组为单位开展探究活动，也是培养大家的协作、互帮互助的能力。

2. 探究活动二

这个环节是在上一个环节的基础上举一反三进行进一步的探究，并总结、分析出单元模块的特点。探究的结果是开放的，应该有多种方法。但很多学生会觉得有困难，或一时没有想出来，但都没有关系，当他们通过这个环节获得了创新的思路，也许课后能想出更多的设计方法。这个环节就要求老师能够给予学生更多的改进意见，帮助尝试更多新的方法。

3. 探究活动三

这个部分的探究学生会觉得非常有趣，组合的方法有很多种，把制作好的折纸粽子组合成各种造型的吊饰。

三、教学过程设计

设计意图	步骤与内容	师生活动
现场展示各种粽子的图片，激发学生兴趣，让他们带着好奇心去探究折纸粽子的特点和结构的共性。	1. 先让学生欣赏几种不同包法、形态各异的粽子。 2. 然后引导学生总结粽子的结构特点：不规则的尖角形，中间能够包东西。 3. 观察折纸粽子。 引出课题：折纸粽子	教师用幻灯片演示粽子的图片，引导学生观察粽子的特点。师生共同找出粽子的结构特点。
初步尝试： 　　先实践、再认知，在探究和感悟中再次提升实践的技能。 　　这部分教学意图是学生通过拆解折好的纸粽子来发现模块组合的结构特征，进而发现粽子的基本折法，这是很好的自主学习能力的培养。	1. 通过拆解折好的纸粽子，看出是由三个单元模块组成的。 2. 继续拆解单元模块，根据折痕分析出单元模块的制作方法。 3. 学生示范粽子的基本折法： （1）边对边→打开→对着中间的折痕，两边分别向内折。 （2）打开折痕，在四分之一处左下右上折出小三角，再次向中心线折，形成长方形。 右向上、左向下折大的三角形，形成菱形。把三角插入里面。一个单元完成，同样的单元做三个。 （3）插接组成粽子。	教师引导学生拆解折好的纸粽子，学生发现是由三个模块组成。学生再对其中的一个模块进行拆解，根据折痕发现规律，选一位同学示范制作方法，在认知与理解中及时纠正错误。
自主探究单元模块的变化，这部分是比较难的，一定要在原来单元模块的基础上根据它的特点来进行尝试。	引导学生自主探究单元模块的变化： 1. 再次分析单元模块的特点：两个三角加一个正方形的基本形，正方形上要有插接口。 2. 学生动手试试看。 3. 请同学来讲讲制作的方法。教师提出改进意见。大家试试看。	教师提出新问题，学生自主探究单元模块的变化。 　　师生共同总结制作过程。

创意工艺教学中"举一反三"策略的运用

(续表)

设计意图	步骤与内容	师生活动
把折纸粽子组合成吊饰:小组讨论,探究组合模式。 组织学生小组交流,总结经验、动手制作。	把制作好的折纸粽子组合成吊饰: 1. 小组讨论,总结后制作。 2. 教师总结制作要点:组合的方法有很多种,通常是中间放一个大的,上下可以穿几个小的,形成一长串。也可以中间一个大的,每个角上再穿几个小的。	教师提出要求,并及时巡回指导。 学生相互交流,总结经验,探究如何组合才能好看、美观。
搭建平台,发现问题,及时解决。	以小组为单位,先进行组内交流,然后推选出较好的作品,进行全班展示。	自我评价,增添自信。相互评价,实现成果。
拓展思维,延伸课外,学会再创造。	教学拓展:通过折纸粽子的单元模块组合方法,大家试一试看能不能组合出一些新的不同图案的饰品。	引导学生,通过本课所学的知识变化单元模块的折法。

四、教学实效

本课通过课堂教学中"举一反三"的策略运用,引导学生探究折纸粽子中单元模块的主要特点以及组合的方法,并在操作过程培养学生勤于动脑的学习习惯。鼓励学生经过探究,把学生的实践活动贯穿于整个学习过程的始终。

教学中举一反三的训练关注学生的进步与发展。本课运用各种方法、创造各种条件引导学生主动探究和创造学习。学生在掌握了基本的制作方法后,恰当地对它进行变化、引申和拓展,从而激发学生的求知欲或解题的欲望,进而调动课堂的积极性,最终达到训练思维能力,培养思维品质,提高课堂教学质量。

像牛顿一样

杨浦区青少年科技站　杜　蘅

　　牛顿，英国著名的物理学家。在中小学教科书中，学生们肯定不止一次接触到牛顿这一非同凡响的名字。那著名的苹果落地的故事，至今被大家广泛流传。而我，常对我的学生们说"你像牛顿一样"！

　　我曾给学生讲过一个故事。说牛顿醉心于实验，有一次一位朋友中午来看他。但就是等不到他，朋友和他开玩笑，把佣人给他准备的午餐都吃了，然后走了。等牛顿终于从实验室出来，走到餐桌旁发现桌上的残局，自言自语说原来我已经吃过午饭了，然后离开饭桌又钻进了实验室。天才因为太痴心于某件事，在生活中常常犯傻，做些令人发笑或令人生气的事，流传下来成为经典故事。可要是现实生活中出现这样的人或者事，却多半会被看成"不用心""不聪明"，引起人们的不满或生气。

　　"像牛顿一样"这句话来源于我的一次教学经历。有一次我教学生们利用左右对称折的方法制作金鱼缸，要求学生变换外形，剪出各种不同造型的金鱼缸，然后在剪好的金鱼缸里面画上各种各样的金鱼和水草。当我在巡视指导的时候发现有一位同学的金鱼缸特别小，仔细一看，原来这位同学把纸对折了两次后剪出，打开后成为一只能够站在桌面上的金鱼缸，它看起来是那么的与众不同！而这位同学的小脸则是窘得通红，我顿时明白了，有可能是我在强调"对折"时一连说了好几遍"对折"，学生没搞明白就多折了一次，反而形成了特别的效果。我灵机一动，拍着他的头说"你像牛顿一样！但我希望你比牛顿还厉害！"学生腼腆地笑了。后面我把这位学生的制作方法作为拓展内容介绍给了大家。

　　"像牛顿一样"的批评方式，把一件不好的事情，本该生气的事化解为一句玩笑，既让学生知道他哪里错了，又不损害他的自尊心，还暗示了对他的理解，甚至隐含着对他某种才能的褒奖。家长、学生都比较容易接受这样的话。而对于老师给予的鼓励部分，他们会记在心里！美国心理学家詹姆斯说："人最本质的需要是渴望被肯定。"心理学上也有个术语叫"成功动机"，意思是人在做事的时候，越是做好了便越是有继续做好的动机。尤其是孩子，他们期待我们的关爱，期待我们的鼓励，希望听到我们的赞美。

　　我们在看学生时总是用"像牛顿一样"的眼光，他就会越来越像牛顿！

巧妙组合、拓展思维

杨浦青少年科技站　杜　蘅

在创意工艺教学中我们常常强调的是有创意，那么什么是创意呢？百度百科上说，创意是对传统的叛逆，是打破常规的哲学，是破旧立新的创造与毁灭的循环，是思维碰撞、智慧对接，是具有新颖性和创造性的想法，不同于寻常的解决方法。其实单纯让学生进行创意对他们来说还是有些困难的，我们教学时就把寻找的关注点放在身边、放在已知的东西上，他们就会觉得很容易，只要进行巧妙的组合、适当的改变，你就能把平凡的不起眼的小东西赋予更多的功能，使它们变得有趣、富含深意，那就是一种创造力。把复杂的公式简单化，把普通的东西做得更精美，更优化组合，更节能轻便，把简单的东西做出复杂的结构和多样的功能来，这是一种令人惊叹的创意。

《巧做刮蜡画皮影》这节课就是利用刮蜡画的特点来制作一个会动的小影人。刮蜡画对学生来说是非常熟悉的，以前也做过类似的会动的小人，这节课就是把这两种方式结合起来。在炫彩刮蜡纸上画上皮影人物图案，透出的彩色花纹犹如上了色的皮影人物，非常好看！再用连接扣连接各个部位的关节，后面再加上操作杆，做好之后，既可以欣赏又可以玩耍。学生们觉得非常有意思，当他们学会了基本制作方法之后，就开始设计各种身份的皮影人物，有皇帝、青年男子、少年儿童等。有了各种类型的皮影人物之后，他们发现他们可以自己来表演皮影戏了，于是就有了西游记里的唐僧、孙悟空、猪八戒、沙和尚，有了三国演义里的张飞、关羽、诸葛亮等。

校外创意工艺制作教学不是简单的手工制作，它注重的是一个学习过程，在融合多学科知识动手制作出最后成果的过程中体验，提升创造力，跨学科综合知识的运用，解决问题的能力。校外创意工艺制作教学有可能不是在桌椅整齐的教室上课，而是在充满木板、美工刀、画笔、剪刀、胶水、卡纸、打孔机以及各种奇怪工具的工作坊。这种注重动手的学习体验，融入了设计思维，让学生能够接触到各种制作工具，在老师的指导下开展探究活动。让探究的课堂充满乐趣，这样的教学才是生动的、鲜活的，让学生真正找到探究的乐趣。

这次教学设计的灵感来源于进入江萍名教师工作室之后，上海著名画家奚赛联老师在教大家做画的过程中，无论什么问题的画到了奚老师的手上都能妙笔生辉，他只需在画作原来的基础上做小小的变动，进行的新的组合，就能重新焕发出新的光彩，这不由得让大家啧啧称赞！我把这种教学理念运用到我的教学中，我的学生们也有了更多的收获！

减负增效，云课堂来帮忙

——以《画毛绒玩具》一课为例

打虎山路第一小学　方　放

摘　要

"云课堂"技术是笔者在美术课中进行实践运用的，经过一个阶段的教学实施，收到了良好的成效。本文以《画毛绒玩具》一课为例，以云课堂技术为支持，打造学生自学、教师解惑辅导的半自助式美术教学模式，起到了减负增效的作用。

关　键　词

云课堂、减负增效

一节美术课教师用语不超过十句话，而且还很好地达成了教学目标。云课堂为我打造真正的高效课堂。这段时间，我一直在尝试云课堂教学实践，慢慢摸索到一些门道。所谓"云课堂"，是指基于云计算技术的一种高效、便捷、实时互动的远程教学课堂形式。使用者只需要通过互联网界面，进行简单易用的操作，便可快速高效地与全球各地学生、教师、家长等不同用户同步分享语音、视频及数据文件，而课堂中数据的传输、处理等复杂技术由云课堂服务商帮助使用者进行操作。[1]我校的云课堂刚起步，是介于课堂与远程教学之间，师生共同运用PAD进行辅助教学，打造学生自学、教师解惑辅导的半自助式教学模式。

一、教学目标与重点、难点

教学目标：

知识与技能：知道各种毛绒动物玩具是球体和圆柱体等几何形体组合而成的，学会

---

1. https://baike.baidu.com/item/% E4% BA% 91% E8% AF% BE% E5% A0% 82 百度百科云课堂。

用细水笔描绘毛绒玩具的步骤和方法,用短线表现玩具的立体感和绒毛的质感。

过程与方法:通过PAD自学,知道写生毛绒玩具的基本方法。在学习过程中能够发现问题,并通过再次观察课件解决问题。尝试用水笔描绘毛绒玩具,并用各种短线表现毛绒玩具的明暗关系和绒毛感觉。用PAD拍照上传的方式进行作业评价。

情感态度价值观:学会运用现代技术解决课堂中的学习问题,在描绘的过程中,感觉毛绒玩具的可爱,通过画面表达对玩具的喜爱和质朴的童趣。

教学重点:

用基本形组合法描绘毛绒玩具。

教学难点:

用各种短线表现毛绒玩具的立体感和毛绒感觉。

二、教学片段与分析

【片段一】

教学导入时,我让一个学生摸摸布袋里是什么毛绒玩具,学生猜出来是玩具熊。我问学生是怎么猜出来的,他说摸到了头上有突出的嘴、圆圆的耳朵、身体胖胖的有毛茸茸的四肢、脖子上还系着蝴蝶结,然后根据平时生活中毛绒玩具的形象,猜出大致是玩具熊。我请孩子们把自己带来的毛绒玩具放在桌上,为自己心爱的玩具"宠物"画张像。

接着,就开始了新授部分。我推送了一段事先录制好的学习视频,通过视频了解毛绒玩具的基本画法。我在视频中示范画一个毛绒玩具熊,用2倍速进行播放,在边上加入文字注释:

第一步:摆放——选择一个角度放置玩具。

第二步:观察——了解玩具基本组成部分。

第三步:定位——用铅笔轻轻定出毛绒玩具各部分的基本形。

第四步:线描——用黑色水笔边看边画,仔细勾勒外形。

看完视频之后,我问:小朋友们回忆一下,画一个毛绒玩具有哪些步骤?

【分析】

从导入到片段一,我总共说了四句话

1. 猜猜袋子里是什么毛绒玩具?你是怎么猜出来的?

2. 大家一定很想为你心爱的毛绒玩具画张像吧,今天这节课就让我们一起写生毛绒玩具(板书课题)。

3. 先请大家通过视频自学毛绒玩具的基本画法。

4. 小朋友们回忆一下,画一个毛绒玩具有哪些步骤?

每个孩子都很认真地看手中PAD的视频,也不存在眼睛近视看不清的问题,很快全班完成了视频的学习活动。如果是常态课,教师的指导用语一定是最重要的,现在有了PAD,教师可以不用讲话而巡视学生视频学习的情况,不再担心教学示范哪个环节漏了什么,更不用担心个别学生思想开小差不认真听讲。

【片段二】

在视频中有个"基本形"的概念,也是本节课的重点,为了让学生进一步了解"基本形",我增设了一个幻灯片播放环节。

我问:在刚才的视频中,提到了"用铅笔轻轻定出毛绒玩具各部分的基本形",那么什么是基本形呢?请大家再通过一个幻灯片自学一下。

我再次推送一个幻灯片,幻灯片中从正面、半侧面、正侧面三个角度拍摄了玩具熊,并用椭圆形、柱形勾画出了它的头部、四肢等,目的让学生明白小朋友在摸玩具的时候,帮助他猜出是什么玩具的部分就是基本形,也就是玩具的结构。不同的玩具结构是不同的。哪怕同一样玩具,不同的角度,结构的基本形也是不同的。

看完视频,我再次请学生回答"基本形"的概念,学生说:基本形就是把玩具身体各个部分的形状画出来,而且观察的角度不一样,玩具的形状也会有所变化。

我接着说:"既然大家都已经学会了,那么,请大家为你自己的毛绒玩具画张像。要求:用基本形组合的方法画一个毛绒玩具、结构正确、能够添画细节。"

【分析】

整个教学片段我只说了两句话,第一句"什么是基本形?"第二句提作业要求。原本比较抽象的概念有了幻灯片的支持,变得简单易懂。学生看不明白的地方,还可以循环反复看幻灯片,看两遍也就只用了几秒钟的时间。避免了老师上课反复讲的过程,接受能力强的学生不会觉得老师啰嗦,接受能力弱的同学也可以再一次巩固知识点。在学生作业的时候,大部分学生又把我之前如何画毛绒玩具的视频看了一遍,有的学生画到一半时发生了困惑,又将视频看了第三遍。反复的学习加深了学生的印象,也再一次帮助学生进一步学习。这时,教师只需要巡视,发现个别学生问题并加以辅导即可。PAD成了老师的电子小助教。

【片段三】

我从学生中拿出几张作品进行点评,并进一步提出问题:"如何为毛绒玩具添画绒毛？请大家从同龄学生作品中找寻答案。"

然后又推送了第三个幻灯片，里面有大量同龄人画毛绒玩具的图片。有整体的，也有部分细节的放大图。学生看着PAD发出阵阵惊叹声，有些还把图片放大，盯着看了好一会儿。

半分钟过后，孩子给了我许多答案：

1. 有些用的是短短的线来画毛的。

2. 有用打着圈的线画毛的，我的泰迪熊就可以学习这样的方法。

3. 我发现还有的玩具上画了很长的线，说明这个玩具毛很长。

4. 我发现小画家还有的地方毛画得特别多，说明这些地方照不到光，是暗的地方。

……

我小结：根据不同绒毛的长短、弯曲程度，我们可以用短直线、较长直线、弯曲线甚至蜗牛壳线来画。在画的时候如果能注意光照不到的地方线再密集些，就能出现明暗的效果。我们一起试着给自己的作品添画绒毛，要求：根据自己的玩具实际情况添画、注意疏密。

【分析】

学生通过自学和讨论，把我要的答案都说了出来。更重要的是通过自学，他们学会了仔细观察细节。大量的图片帮助他们有选择地选出自己想要的和想学的。因此，在绘画的时候有了这些作品的辅助，没有一个孩子遇到困难，原先设立的教学难点也不攻自破。

【片段四】

评价是学生最喜爱的环节，也是每节美术课的必备环节。学生将作品和玩具同角度放在一起拍照上传班级作品库，然后对别人的作品进行点赞和评价。让我们来看一看孩子们的评价：

1. 很棒！画得很好。

2. How nice。

3. GOOD。

4. 简直一模一样！

5. 你好厉害啊，画得好像。

6. 嘴巴有点小。

7. 手臂太细了。

8. 你的娃娃是仰天的，你画的是站着的。

9. 老兄,这是蝎子。

10. 你的玩具上的花呢?

11. 是不是一阵风吹来把毛给弄斜了?

12. 变黑熊了。

13. 你这个不是线了,是全涂了。

14. 毛应该往一个方向画哦!(边上的玩具实物确实毛是往一边倒的)。

15. 毛只有一半?

16. MC是我的生命。

17. 做好事留名。

……

【分析】

第1至第5条评价是对同伴作品的赞美,除此之外,还可以收到小伙伴们的点赞。每个孩子都数自己收集了多少个"赞"。点赞操作非常方便,因此就连平时绘画功底较弱的孩子也会收到"赞"的。第5至第10条评价是对本课重点玩具造型进行了观察,孩子的观察力非同一般,已经关注到了比例、角度等问题。第11条至第15条的评价是对本课难点的关注。他们说出的问题可能连我在巡视中也忽视了,比如"黑熊"评价就是我巡视之后,学生再一次添加了许多绒毛,以至于线条过密,而我却没发现。评价中还有学生关注了签名等细节。此时教室中的气氛是紧张而活跃的,孩子们涨红着小脸,紧紧地盯着自己的PAD,手中不停地点着赞和码着字。发现自己的作品被人评价时,呵呵地笑,还幸福地回应着"谢谢"。这时作为老师的我,也拿着PAD,仔细地欣赏着每个同学的作品和他们的点评,找寻作品中的问题,关注孩子们的评价用语,发现他们的闪光点。

三、教学实效与反思

1. 云课堂实现角色转换

整节课我这个老师几乎没讲过什么话,而学生们却比平时"忙"很多,他们时时关注PAD上的学习任务,认真完成自己的美术作品。而我,则抽身关注更多孩子们学习上遇到的困难。可以更多关注到孩子们观察角度是否正确、构图是否完整、四肢与身体的衔接是否自然、绒毛表现是否认真……有了运用云课堂的技术支持,教师渐渐地成了一名辅助者,把学生推向了课堂的主体。学生高效地运用课堂时间学习,困惑也能够当场解决,减轻了学习负担。然而,教师貌似轻松了,却需要有更多的关注力给学生。课前,还更需要关注备课,每一个环节都要想得更清楚,同时做好大量的学习资料的准备与电子备课的环节准备。

2. 高效课堂需要新技术

新课程理念的不断推进,要求我们教师不断更新观念、转变角色,改变课程中注重知识传授的倾向,让学生学会学习,学会合作,倡导学生主动参与。在教学中要尊重学生,凸显学生的主体地位。这些理念要进行改变,仅仅喊口号是不行的,需要有真正技术辅助。就好比医生哪怕有再好的技术也需要有CT机、电脑辅助手术等。现在校外机构为了抓住商机,借助远程授课模式营利,采用现场教学、视频回放、主讲线上授课和助教线下辅助等方式,对基础教育确实有很大的冲击力。如果基础教育课堂能够借助云课堂技术,将更多的时间还给学生,再由教师当场辅助教学,寻找学生学习中的薄弱点并进行辅导,那我们谈到的减负、增效也就能真正实现了。

四、目前存在的问题

1. 云课堂无法为大多数学生服务

一开始试用的班级学生用PAD时浪费了许多技术问题上的时间,包括教师的操作上总是不熟练,课堂作业效果反而不如普通学习班。但熟练之后,发现云课堂能实现个性化的服务,孩子可以根据自己的爱好选择图片或视频进行学习。但仅仅停留在实验班,大多数学生还无法享受到此资源。

2. PAD需要更精确的触感

对于美术课,使用PAD最大的问题是不灵活,没有绘画功能,连手写字也会七倒八歪,上传图片速度缓慢,看学生作品时时卡机等。美术教师觉得反而是Wacom数位板画画来得更有帮助(此数位板没有人机互动的功能,但可以画各种风格的美术作品),因此,需要更快速、更灵活的PAD。

综上所述,云课堂把时间还给学生自学、体验、认知,便于教师进行个别化辅导,帮助教师实现减负增效的教学理想。但需要教师投入大量的精力用于前期的备课,更需要技术进一步革新来支持云课堂的进一步发展。

当传统和现代相遇

——"蓬皮杜"青少年创造力展活动案例

上海市杨浦区中原路小学　沈佳芸

一、案例概述

本案例是由一次艺术展为契机,结合学校的特色课程所开展的一次以扎染为主题的综合实践活动。整个活动由"聆听讲座——参观画展——艺术创造——成果展示"为主线展开,学生经历了从与现代艺术的距离感到欣赏理解再到运用扎染艺术语言创作表现的过程。

二、活动背景

2016年10月,"蓬皮杜现代艺术大师展"在上海展览中心拉开帷幕。此次大展是蓬皮杜艺术中心以"一年一人一画"的形式,将72位现代艺术大师的作品首度在中国展出。对于中小学生来说,就像是一本立体的现代艺术教科书,是一次很好的让学生认知现代艺术的机会。我校扎染社团的学生在参与"小小蓬皮杜"现场教育活动的过程中,通过欣赏、探究、发现,创造出与众不同的扎染作品,将现代艺术与学校的特色课程有机整合。通过传统和现代相遇,激发学生发现美、体验美、创造美,提升学生艺术审美能力,积淀人文底蕴,迸发出新的艺术火花。

三、活动过程

活动、体验、分享是综合实践活动的三要素,活动是学生综合素质形成与发展的基础,体验是学生素质发展的核心,分享是综合素质的协调发展和提高。本次活动主要有以下几个环节。

（一）聆听讲座　分享艺术

现代艺术对于大部分人而言都是陌生的,如何将陌生变得亲切,我们展开了一系列教育活动。活动的第一步,我们邀请到了此次教育活动的策划罗依儿先生,通过现场和转播的方式为全校学生做了一场精彩的讲座。整整40分钟,学生们全神贯注,时而惊奇,时而欢笑,一分钟开小差的机会都没有。一场生动有趣的讲座,让孩子们向现代艺术迈出了第一步,充满好奇,满怀期待。

(二)参观画展　用心体验

终于,在11月上旬我们来到上海展览中心,与大师们的作品见面了。来到展厅,学生们马上被作品所吸引。仔细聆听导览员的介绍,用心欣赏,时不时提出自己的问题。学生们感叹现代艺术表现的多元性,并为此深深着迷。我们也发现,其实现代艺术对于学生而言并没有想象中的距离感,带给他们的,是最直接的感动。

(三)碰撞交流　头脑风暴

参观后,扎染社团的学生们蠢蠢欲动,马上投入到了自己作品的创作中。大家聚在一起,交流了各自最喜爱的大师作品。

小乐:"我最喜欢的一幅作品是《双重变形》,这件作品很神奇,从不同的角度看过去都是不同的画面,一张平面作品竟然给了我一种看电影的感觉!"

小张:"是啊是啊!画竟然可以这样画!太神奇了!"

小颖:"我最喜欢的是德劳内的《埃菲尔铁塔》,这幅画是从下往上的视角,让人觉得它很高大。它的用色也很鲜艳,把红色和绿色完美地结合在一起。我一直觉得红色和绿色是不搭的,但画家用了渐变的方法,让画面即跳跃又和谐,真让我钦佩!"

……

学生们对于大师作品的解读出乎我的意料!于是我趁热打铁,抛出最关键的问题:"同学们,如果让你们用扎染来表现大师的作品,你们会怎么做?"

大家陷入了沉思,有的皱起了眉头,有的小声说:"大师们的作品大多都是油画,色彩丰富,要用扎染表现可不太容易啊!"

的确,将西方大师作品和扎染联系起来是不容易的。这时需要老师适时地点拨,于是我问道:"我记得大家在听讲座时,就对蓬皮杜艺术中心外墙上的管道很感兴趣是吗?"

"对啊!红、黄、蓝、绿!颜色很鲜艳!"

"听讲座时,老师说当时设计师为了让场馆内有更多的参观空间,把管道都移到了建筑外部,加上这些颜色,不但不突兀,反而让整个建筑更具特色,非常现代!"

我满意地点点头,没想到小家伙们听讲座时还蛮仔细的,我接着问:"那你们对这次展览的布置有什么印象深刻的地方吗?"

"嗯……这次的展厅不算大,但是却陈列了72件作品。和以前我看到的展览不一样,这次每一幅作品后面都有一面窄墙。"

"对,这种碑林式的设计是这次展览的一大特点,让场地更有通透感。虽然展品多、空间小,却不觉得拥挤。那你们注意到展墙的背面了吗?"我解释道。

"我知道!背面有画家的一句话!"小乐激动地脱口而出。

"而且,背后的颜色也不一样,好像……"小颖先是不紧不慢地说着,突然她像发现新大陆一样激动地说道:"就是蓬皮杜艺术中心外墙上管道的颜色!"

"答对啦!这对你们有什么启发吗?"

小妍平时不太爱发表意见,没想到这次她大胆提出:"我有一个提议,我们这次的作品能不能用这些管道的颜色来染?这样更符合我们扎染的工艺特点,也是我们可以向大师们学习的地方。"

小妍的想法与我不谋而合,我回答道:"这真是个不错的建议!希望观众远远看到我们的作品时,就能够联想到'蓬皮杜艺术中心',这也是我们向'蓬皮杜艺术中心'致敬的一种方式。你们觉得呢?"

大家纷纷表示同意。

(四)各显神通 创意无限

接下来就到了学生们各自设计和制作作品的阶段了。每位学生选出最打动自己的大师作品，思考如何用扎染的形式表现，将大师画稿重新进行了解构和简化，形成了自己的设计稿。因为每一幅作品都是2米高的大作品，扎染所用的丝绸面料又很容易滑动，怎么画好设计稿，也是一大难点。学生们头脑风暴，各显神通。有的利用投影仪放大设计稿，再转印到丝绸上。有的借助染缸的大盖子来画出原型的车轮。为了更好地表现作品，有学生吃饭时也迸发灵感，想到了课堂中学习的技法，用米粒包裹在丝绸中制作出特殊的肌理效果。经过大家为期2周的努力，10幅由不同画家启发灵感得以创作的扎染作品完成了。12月，学生们的作品和大师作品一样展示在上海展览中心。虽然展期只有短短的两天，但是对于孩子们来说，这就是一场属于他们的艺术盛典。

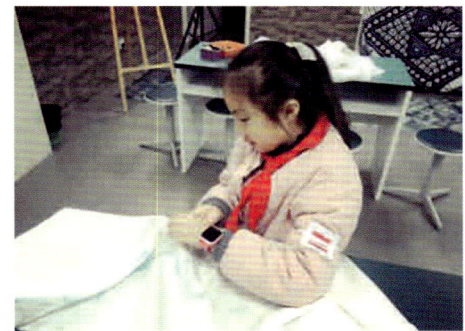

四、活动效果与反思

(一)丰富经历 多重体验

这一次的作品的创作，对于孩子们来说是一次前所未有的挑战：第一次尝试用传统工艺表现现代艺术；第一次制作如此大型的作品，作品尺寸比自己的身高还要高出许多。创作过程中，看到一个个在这么大幅作品面前的小小的身影，我非常感动。

当然，在制作过程中也有许多困难等着他们：做一件作品需要穿针引线无数次，有位学生经历了作品失败的沮丧，但并没有气馁，反而更铆足劲来做第二次。更别提时不时被针戳到手指；抽紧时被线勒得手疼；拆线时目不转睛，生怕剪坏作品。当孩子们完成这一件件对他们来说很有挑战的事情时，一定会经历失败和无数次反复的尝试，但锻炼的是他们的耐心与坚持。通过一次完整的创作过程，孩子们也发现每一件艺术作品都不是信手拈来，是画家们在无数次思考和尝试积累后的果实。

（二）记录想法　定格创意

作品完成后，孩子们也将自己的设计思路记录了下来，创作《光的乐曲》的小倪这样写道："生活中，我们见到的光纵横交错、变化万千，你会用什么艺术形式来表现它呢？在瓦西里·康定斯基的《光》中我找到了灵感：从柔和的色彩、简洁干练的线条块面元素中，我惊喜地看到了乐谱、湖、萨克斯的按键……它们簇拥在一起，悠然自得地演奏着光的乐曲。画家用点、线、面抽象地表现出光的奇异迷人之处，真是神来之笔。画家的这一创作手法，给了我灵感。我用走针走线的扎法勾勒出光的线条，用包裹米粒的方式表现光晕。瞧，作品果然不同凡响！"

除了小倪外，还有很多学生都记录下了他们思考的火花，活动后我们将学生的作品和创作感言制作成了明信片，将学生们的创意和思路保存了下来，并作为礼物赠送给他们，记录这一次与众不同的艺术经历。

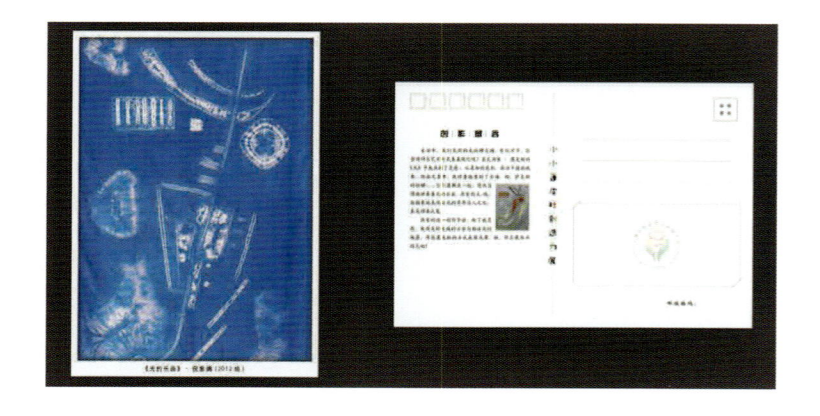

（三）反思与启发

孩子们将自己从现代艺术大师那里获得的启发与灵感，将传统扎染工艺叠加上自己的艺术创意和个人情感，创作出不一样的扎染作品，让传统和现代有了这样一场完美的相遇。这样的一种形式，也让我们在教学中有了新的启发。

　　近年来，上海优秀的画展越来越多，带领孩子们走出去可以拓宽学生的艺术视野。同时，我们也可以寻找更多的"场外力量"，把一些专家、策展人请进来。将主题式的学习与学校课程有机结合，让学生的艺术创作也能够汲取更多元的养分，获得更丰富的艺术体验。

在折纸活动中培养幼儿的探索能力

——以"猴子捞月"一课为例

上海市杨浦区水丰路幼儿园　俞　健

摘　要

折纸是我国民间广为流传的传统艺术,可以说,折纸是家喻户晓、源远流长的艺术,折纸又是幼儿最简单的玩具,它有利于培养儿童良好的思维品质和有条不紊的生活习惯,折纸需要有严格的步骤顺序、精准的动作要求、丰富的空间想象、准确的手眼协调。本文以"猴子捞月"一课为例,探索如何通过多媒体、师幼互动、材料暗示等方法,培养孩子自主探索的能力。

关　键　词

折纸活动　幼儿　探索能力

孩子进入大班后已经积累了不少通过折、剪开展美工制作的经验,在幼儿折纸十项基本方法中,孩子已经学会的基本方法有对边折、对角折、两边向中心折、四角向中心折、集中一角折、向外打开、向力推、双三角和双正方,而且知道,每一次都需要用手指用力地沿着折痕掐一下,折出的作品才会挺括漂亮。对于大班孩子来说,折双菱形可能是最大的挑战,学会了双菱形,大部分的折纸形象对于他们来说能信手拈来了,比如:百合花、千纸鹤等。"猴子捞月"是大家熟知的寓言故事,主角猴子的折叠方法最关键的就是折双菱形,我们选择以故事作为载体,让孩子自主探索,折出小猴子,再现故事情境。

一、教学目标与重点、难点

教学目标有以下两点:

1.尝试用折折、剪剪、贴贴、画画的方法制作小猴子,表现猴子摘月亮的故事情节。

2. 能在活动中动脑筋、想办法，体验自主探索、操作之后带来的成功和快乐。

教学重点：尝试折双菱形。

教学难点：通过自主探索，寻找在双正方的基础上翻折出双菱形的最有效方法。

二、教学思路

每个折纸内容都会存在着不同的难点，活动前，我们必须认真分析孩子目前的水平，认真思考如何运用提示、探索等方法引起幼儿的关注，如何给孩子更多独立操作的机会。

（一）备孩子，确立探索的关键点

首先，我们要了解孩子目前对于折纸的现有经验以及操作水平，预估他们需要得到哪些帮助。大班孩子，前期已经具备折双正方的经验，而双正方是双菱形的基础，那么如何在双正方的基础上折出双菱形将是活动的重难点。其次，在探索中，我们预估孩子可能会出现的一些困难，比如，在这里，翻折时，孩子们往往会从闭口处集中一角向中心线折，所以，图一、图二显示的步骤将是活动的难点。

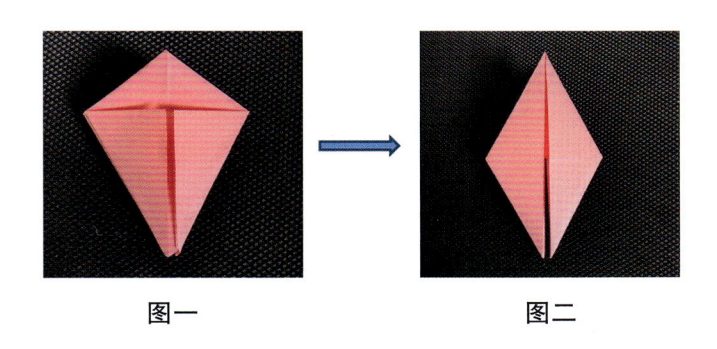

图一　　　　　　　　图二

（二）备活动，探索解决问题的办法

如何隐性地教孩子，让孩子通过自己的探索，自主地寻找最有效的方法，完成双菱形，我们通过两次探索，让孩子学会双菱形的折叠方法。

（1）第一次探索

在这个环节，我们通过一个小视频让孩子看懂从双正方到双菱形的整个变化的过程，之所以用小视频的方式而非现场操作演示，是因为录制的微课式的小视频能比较完整地表现从双正方到双菱形的过程，而且精准地提示折叠的点、线、面的位置，比现场操作更为清晰。视频过后，让孩子按照视频演示的方法进行第一次探索，这样既可以在初次操作中培养孩子独立思考的能力，也可以真正暴露出孩子操作过程中的困难所在，以便在第二次探索中解决问题。

(2)第二次操作

在第一次操作过后,有些孩子已经掌握了上菱形的折叠方法,而有些孩子的确在翻折的时候出现了困难,原因的确如我们预计的,折叠在了闭口处。此时,我们可以让孩子观察,为什么有的孩子能翻出来,而有的却翻不开,还可以让成功的孩子来交流经验,通过孩子教孩子的方法,摸索出更有效的操作方法。这样既培养了孩子观察、推理的能力,更培养了孩子总结归纳的能力。

(三)备教材,用材料引发孩子的探索

(1)研究活动素材是否符合孩子的认知,适当做改变以利于教学。在活动的引入环节中,我们出示的是绿色手工纸折成的小猴子,插入小猴子,我们发现,孩子们将这个小猴子的折纸形象辨识为青蛙。于是,我们改变了颜色,运用土黄色的手工纸折猴子,然而,孩子们将黄色的小猴子辨识为牛蛙;怎么还是蛙类的呢?我们认识到可能是折纸教材中的形象典型特征出现了问题,小猴子缺少了典型特征——长长的尾巴,于是,我们用扭扭绳加上了尾巴,这回孩子一致无误地辨识出:这是一只小猴子。

(2)梳理活动素材的关键步骤,通过小视频帮助孩子解决关键问题。大班后期,折纸的步骤会越来越多,如果不加分析逐一展示出来的话,往往会超过十个步骤,大班的折纸步骤最好控制在十步以内,便于幼儿掌握。其实,每一个折纸内容都会存在着不同难点,而且与前期学习过的折纸内容有着承上启下的关联,无须从头到尾,部分轻重缓急逐一教授。经过分析,小猴子的折叠方法存在着三个关键步骤——双正方、双菱形以

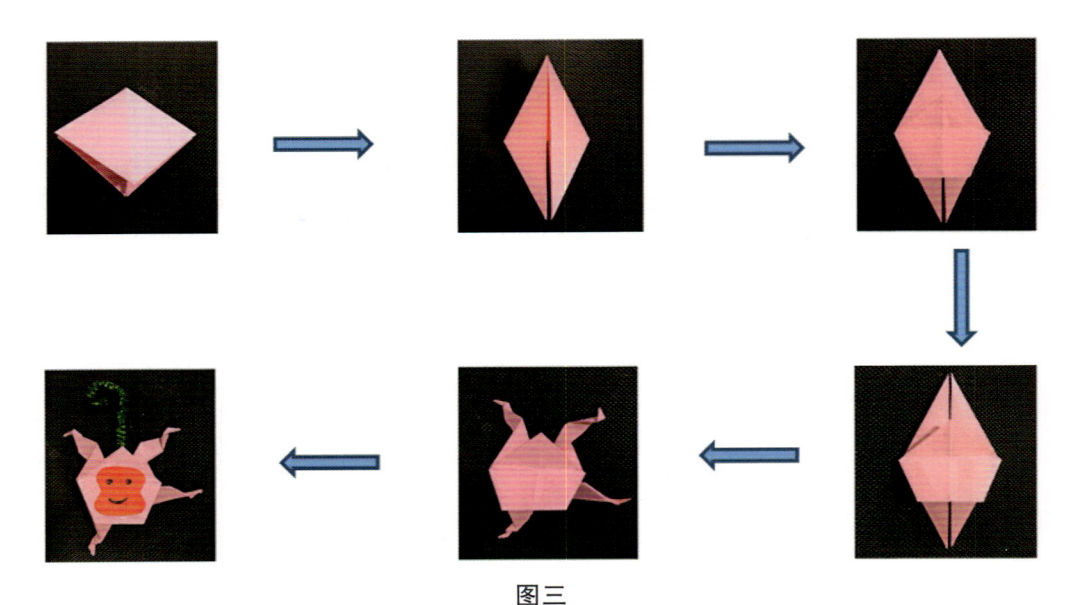

图三

及折四条腿的动态。双正方,孩子之前有过折叠经验,折四条腿的动态只要一看折叠图示,对孩子来说不会构成困难,于是只要解决双菱形就可以大功告成了。因此,在活动设计时,我们简化了双菱形以外其他折叠步骤,将小猴子的制作步骤简化到了六步(见图三),并且将双菱形的折叠方法制作成小视频作为一个独立探索的话题,作为重难点来学习,每个操作台上摆放折纸步骤图,同时,我们在每张操作台上准备一套制作步骤图,以备孩子在不明白时随时翻看研究。

三、教学过程

(一)引出活动

1. 出示折纸小猴子

看看老师今天请来了谁?

2. 教师讲述:一天晚上,小猴子在树上玩耍,他往下一看,水里有这么大的月亮,它想把月亮捞上来玩。捞得上来吗?它想请它的好朋友来通过叠罗汉的方法一起来捞月亮。

(二)观察,示范制作猴子的方法

1. 看看小猴子是怎么折出来的?

2. 出示步骤图。

边看边讨论:哪些步骤你看懂了?哪些步骤你看不明白?(孩子在步骤图的过程中发现不会折双菱形)

老师介绍双菱形,我们一起来学学折双菱形,学会这个本领就会折小猴子了。

3. 欣赏折双菱形的视频

教师:双正方怎么变成双菱形?老师拍了视频,一起来看一下吧。

(三)幼儿折猴子,帮助小猴子摘月亮

1. 看懂了吗?

老师在每张桌子上放了"双正方变双菱形"的好办法的步骤图,你可以照着样子折一折,如果还不明白,可以在步骤图上翻一翻、折一折哦!

2. 第一次操作,教师仔细观察幼儿操作过程中出现的困难。

操作后交流:(1)请翻折成功的幼儿上来分享经验。提问:为什么你的双正方能往上翻看?(引导幼儿发现,集中一角往中心线折时,应该对着开口处折)

(2)针对幼儿出现的困难,通过生生交流互动和师生交流互动找出更有效、更方便的办法。

3. 第二次操作

（1）请第一次操作成功的孩子完整折小猴子。

（2）帮助第一次操作有困难的幼儿改变方法，成功折出双菱形，并且继续往下折，折出小猴子。

（四）作品展示

1. 让孩子自己将作品以叠罗汉的方式展示在背景板上，表现故事情节。

2. 虽然猴子们没有捞到月亮，但它们明白了：做任何事情之前要认真观察、仔细思考，不要自作聪明，不然就是白忙活一场。

四、教学实效

活动的第一个环节是让孩子初步了解小猴子的制作步骤图，说说哪些步骤看懂了，哪些步骤没有看懂、不会做，从而引出学习双菱形的制作方法。和我们预估的一样，孩子对于其他折叠方法有过类似的操作经验，很快就看懂了，并且能运用语言描述操作方法，唯一没有看懂的就是双菱形。然而，在之后的操作中，我们发现两个问题：第一，折出双菱形后，要折小猴子的脸，很多孩子不明白这一折叠步骤的意义，只是依样画葫芦地往里折叠，造成有人折长了、有人折短了、有人折反了；第二，在用剪刀剪出小猴子向上的两条腿的时候，所有的孩子没有将纸剪到中心点，造成猴子的两条后腿很短，原因是猴子的脸遮住了后面的手工纸，导致孩子们见到头顶就不剪下去了。因此，在第一个环节的互动中，老师可以再用形象化的语言提示孩子，让孩子自己发现这是小猴子的脸，从而知道纸往里折，而且让脸圆圆的；用剪刀剪腿时可以问问孩子猴子腿是长长的还是短短的，从而让孩子知道剪到中心点，分开的两条腿才会更长。

活动的第二个环节是看视频和制作步骤图，通过两次探索，学会双菱形的折叠方法。在这一环节中，有的孩子在第一次探索中就学会了双菱形的折叠方法，而有的孩子没有成功，原因在于有的孩子折叠时没有对着开口处，所以翻不开来，有的孩子折叠时不达要领、折痕不清晰，不容易翻折，还有的孩子手指不够灵活，翻折时顾此失彼。建议在第一次探索结束后，老师组织讨论的时候可以让成功的孩子分享经验，并且目标明确地让暂未成功的孩子提出问题，必要时可以一边讨论一边尝试，让没有成功的孩子用别人的好办法试一试，当然所有的问题都要引导孩子自己去发现、去探索，通过生生互动、师生互动达到解决问题的目的。在第二次探索时，教师重点关注的对象就是第一次没有成功的孩子，让他们通过再次尝试体验成功的快乐。

整个活动中，孩子的兴趣很高，每个孩子都成功地折叠出自己的小猴子，并以叠罗汉的方式展示到主题背景板上，表现故事中猴子捞月的情景，使孩子的作品可赏可玩，每个孩子都感受到了成功的快乐。因此，我们教孩子学折纸，更重要的是让孩子们学会如何自主学习，举一反三，教学更多的要授之以渔而非只是授之以鱼。

小学美术课堂评价量规的设计运用

上海民办打一外国语小学　王　巍

摘　要

随着课改的不断深入推进，我们往往只注重美术教学目标的制定、课型的设计、现代技术与美术课教学的整合。但却忽视对美术教学评价的研究与实践，使得评价流于形式而相对滞后。不能把评价作为目标制定的可行和考核的依据，不能有效地开展过程评价，也不能切实地测量达标的评价效果。为此，本文尝试在平时的教学中运用科学的、可操作的教学评价机制对美术教学活动进行调控，提高教学的有效性，激励小学美术作品的创作。

关　键　词

评价量规、有效评价、目标激励、成就激励

有效的激励评价是美术课的一个重要教学环节，可是，以往的美术作业评价都由老师决定，红笔一挥：优良中差，决定了一个学生作业的质量与好坏，老师是学生作业的最终裁判者，学生是被评价者，师生间始终存在一种距离感。如何消除这些距离感，正确的激励的评价方式则是最有效的手段。有效的评价方式应该是立体、综合、多层次、全方位的发展。对学生要保持关注，而不依靠意向。要激励学生去学习，不放弃每一个激励学生的机会。我在美术教学中做了一些尝试，通过评价量规的运用将学习的自信送给每个孩子。

评价量规是一个真实性评价工具，它是对学生的作品、成果、成长记录袋或者表现进行评价或者等级评定的一套标准，同时也是一个有效的教学工具，是连接教学与评价之间的一个重要桥梁。

一、自评表增强学习自觉性

教师的信任是对学生价值的一种肯定，同时也是对学生人格的尊重。曾有心理学家的一项研究指出,有95%以上的人有自我贬低的倾向。所以自评、互评就是从关注学生实际出发的评价方式,因为它能培养学生自主评价能力与欣赏作业的能力、在建立学生的自信心、增加同学之间的友谊有着很大的作用,并且让学生体会到合作的快乐。

  本学期我针对学生专门设计了评价量表让学生从学具准备、课堂纪律、交流发言、作业完成四个部分对自己进行评价。在《向日葵》一课中,很多学生比原先更能自觉地带绘画工具了,自评表对学生也起到了约束作用。同时,在课中也大大激发学生的学习兴趣和别人交流的机会。经本人统计,启用自评表后,学生发言率和带学具的人次比原先提高10%。这种自评、互评的作业评价方式使学生成为学习的主人,充分激发了学生的学习热情,看着学生认真、专注参与评价的神情,我感到:激励的评价方式不仅能促使学生进一步掌握美术知识与技巧,还能培养与提高学生自主学习和自我评价能力。

二、注重情感评价激发学生学习兴趣

  在美术学习中,我还十分注重学生情感及价值观的评价,如在一些创作画中,我更关注学生情感的表现。善于为学生创造种种成功的机会,引导学生参与到教育教学活动中来,发现和发展自己,我还善于发现并肯定学生作业中积极的情感因素。鼓励学生利用审美情感的表现,以增加作业的生动性和表现力。如在三年级《美丽的菊花》一课的作业评价中,我就运用了以小组为单位的集体评价和老师点评的方式。在教学的过程中,我先让学生了解到菊花是四君子之一及其品格美,再来观察古人菊花作品。在深深了解菊花背后的精神以后,再让学生去评价自己的作业,从花型到笔直的花茎,从情感上对菊花有了新的认识,所以学生在评价时就不是单单看形状上像不像,甚至有学生借用古诗来赞美同学的作品。这时每个学生都是成功者。无论作品如何,在每个学生的心里都为自己的作品感到骄傲。最后老师再进行点评,并为作业获得好评的学生颁奖。

三、尊重学生寻找适合的评价方式

  平时有很多家长会问:"我的孩子的作业画的怎么一点也不像?"对于家长们的这种"疑问"也是不可置疑的,因为他们看待孩子作品的要求不同。儿童描绘能力和他的观察能力有着很大的关系,而且描绘能力的培养也不是一朝一夕就能速成的,物体"像"与"不像"一般只是把描绘的对象和实际物体进行比较。所以说,我们在观看儿童画画时,最重要的是理解他们想表现什么。对于表现得怎么样要从学生年龄心理上去理解他们。当孩子在给我们看他的画时,我们必须重视和尊重他自己的观点。不论年龄多

二年级第一学期美术作业学生自评表

二（　　）班　姓名＿＿＿＿＿　学号＿＿＿＿＿

	课　题	学具准备	课堂纪律	交流发言	作业完成	成绩（师评）
1	染色游戏	☆☆☆☆☆	☆☆☆☆☆	☆☆☆☆☆	☆☆☆☆☆	A① A② A③ A④ A☆ A B C D
2	有趣的水粉色	☆☆☆☆☆	☆☆☆☆☆	☆☆☆☆☆	☆☆☆☆☆	A① A② A③ A④ A☆ A B C D
3	向日葵	☆☆☆☆☆	☆☆☆☆☆	☆☆☆☆☆	☆☆☆☆☆	A① A② A③ A④ A☆ A B C D
4	分开排列	☆☆☆☆☆	☆☆☆☆☆	☆☆☆☆☆	☆☆☆☆☆	A① A② A③ A④ A☆ A B C D
5	重叠排列	☆☆☆☆☆	☆☆☆☆☆	☆☆☆☆☆	☆☆☆☆☆	A① A② A③ A④ A☆ A B C D
6	对印的图形	☆☆☆☆☆	☆☆☆☆☆	☆☆☆☆☆	☆☆☆☆☆	A① A② A③ A④ A☆ A B C D
7	衣和裙	☆☆☆☆☆	☆☆☆☆☆	☆☆☆☆☆	☆☆☆☆☆	A① A② A③ A④ A☆ A B C D
8	对称剪纸	☆☆☆☆☆	☆☆☆☆☆	☆☆☆☆☆	☆☆☆☆☆	A① A② A③ A④ A☆ A B C D
9	蜻蜓	☆☆☆☆☆	☆☆☆☆☆	☆☆☆☆☆	☆☆☆☆☆	A① A② A③ A④ A☆ A B C D
10	扬帆起航	☆☆☆☆☆	☆☆☆☆☆	☆☆☆☆☆	☆☆☆☆☆	A① A② A③ A④ A☆ A B C D
11	节日的大轮船	☆☆☆☆☆	☆☆☆☆☆	☆☆☆☆☆	☆☆☆☆☆	A① A② A③ A④ A☆ A B C D
12	在公园	☆☆☆☆☆	☆☆☆☆☆	☆☆☆☆☆	☆☆☆☆☆	A① A② A③ A④ A☆ A B C D
13	我们玩得真开心	☆☆☆☆☆	☆☆☆☆☆	☆☆☆☆☆	☆☆☆☆☆	A① A② A③ A④ A☆ A B C D
14	杂　技	☆☆☆☆☆	☆☆☆☆☆	☆☆☆☆☆	☆☆☆☆☆	A① A② A③ A④ A☆ A B C D

学具准备：记号笔、油画棒或蜡笔、剪刀、固体胶，其他一共五样学具，全部带齐五颗星，少一样扣星。
课堂纪律：课堂上被老师表扬五颗星；被老师点名批评一颗星，批评后改正两颗星，其余三颗星。
交流发言：积极举手发言五颗星，有时举手发言三颗星，从不举手一颗星。
作业完成：作业按时完成，并自己非常满意五颗星；完成但是自评三颗星一般完成一颗星；没有完成一颗星。
（学生自评）

大的孩子在把画给你看时,你要控制住把这幅画重新画一遍的冲动。比如在三年级有一节《家里的盆栽植物》写生课,是写生自己家的绿色植物,在上课过程中我就发现很多孩子画出的作品层次不够,盆栽植物只能画出最外的一层叶子,而且对植物叶子中的经脉根本描绘不出来,后来我找寻了一些资料才发现这些都是学生心理特征所致。这个年龄段的孩子观察能力还只是很粗浅的,老师一定要仔细地去引导他们去观察才可以。这时鼓励学生仔细观察植物的细部尤为重要,教育者必须坚信每个学生都有学习美术的能力,都能在他们不同的潜质上获得不同程度的成功。因此,对于孩子们的画,要注意从多方面去进行鼓励,尊重学生找寻适合学生的评价方式。鼓励孩子从课堂中体验到成功的快乐,从而激发兴趣。

在教学评价方法中,教师应该采取科学的评价量规,除了教师评价之外,还有学生群体评价、学生自我评价等多种评价方式。在这些评价中我们需要统一标准、认真合理地对待每个学生,让学生们成为学习的得益人,评价他人美术作品的学生也可以从中吸收别人的长处,同时培养审美能力。除了上述的一些评价方式外,教学中我还十分注重口头的评价来激励学生的创造力,"哟,你画得真棒!""你可比老师画的还好哦!"等成了我激励学生的"口头禅",使学生时刻感受到成功的喜悦。

当然,好的激励评价方式也可以让学生受到鼓励,将学习到的新知识融会贯通到日常生活中去,学习也得到促进,通过正确的评价确立他信心,这对大胆想象起到很大的作用,这从美术教学任务出发,从浅层次的美术的提高整合到大美术观的认识都有升华,同样也提高了学习的效率。

常言说,"好孩子都是夸出来的,这一点儿也不假。"我们通常都说兴趣是学习的原动力,有效的激励评价方式是孩子学习的原动力,在课堂中是否有效地激励学生也是衡量一位老师教学水平高低的标准。当然如何更有效地进行激励是值得我们不断探究的。

美术活动中的教以适合幼儿的发展形态为要旨

——中原幼稚园　钟一芬

在"我们的城市"主题中做的比较多的就是引导幼儿去探索,很多东西看起来虽然不起眼,但是在城市生活中是不可缺少的,泥、沙、石、马赛克这些材料在城市建设中起着至关重要的作用,这个部分也是大班幼儿很感兴趣的。我们设计的美术活动《好神奇的石头》,试图以石头为着落点展开想象,表现城市中有趣的事物。

一、形式为内容服务

在最初实施教学时,我们采用了借形想象的方式,引导幼儿由石头的形状联想到日常熟悉的事物进行启发,发现似乎走进了狭小的胡同,教师和幼儿思维一下子停滞了,兴趣瞬间消失。针对这一问题我们进行了热烈的讨论,激烈的争论,头脑风暴似的思维碰撞,问题渐渐清晰,症结在于将设计的提问的落脚点落在了石头上,这将幼儿的思维禁锢在材料上,想象的空间非常窄小,幼儿无法打开思路,于是我们将《好神奇的石头》改成《不起眼的小石头》,从启发幼儿自由想象画城市建设中的内容入手,引导幼儿从自己确定的画面内容出发,想象石头可以替代那些图像,一下子打开了他们的思路,孩子们情不情不自禁地说:"这个办法又省力又好看,真好!"十分有兴趣地选用各种石头装点画面,使作品精彩纷呈。由此我们体会到,在美术活动中将丰富的、来源于幼儿熟悉的生活内容置于表现方法之前,用最接近幼儿兴奋点的内容,引起幼儿的好奇心,激发表现自己的想象、探索的欲望,激起美术表现的动机。

二、将美术表现方法以问题形态融入教学活动

我们将石头的替代与添加以一种问题形态引导幼儿自己去发现,通过提问将石头与各种材料组合,帮助幼儿完成让一颗普通的小石子通过探索、想象、创造,构成某物体的组成部分,变成城市建设中不可缺少的一部分,让幼儿通过探索自己,发现美术表现方法。我们选用了一位小朋友的作品《东方明珠》,通过以下三个方面提出问题:

问题一："东方明珠什么地方是小石头放上去的？"

引导幼儿通过观察画面，发现物体的某各部位如果与石子的大小、形状相近便可以用石子去替代，这个有趣又高效的发现让幼儿惊喜，跃跃欲试。

问题二："小石头想变成东方明珠，它能变成东方明珠的哪些部分？"

这是一个符合生活经验的假设，幼儿可以由画面展开想象，发现在东方明珠上可以找到更多适合小石子的位子。

问题三："蜡笔可以在画面上添上什么？"

由石子的这个点逐步拓展，发现石头与蜡笔各有所长。

我们看到幼儿的选择各有不同，有的选择自己最擅长的图像，有的选择最感兴趣的内容，大多数最初的内容相当简单，随着活动的进展，通过两种材料的交替使用，在边想边画的探索中充满好奇，越来越投入，情绪也越来越高涨，他们的作品中所涉及想象的亮点层出不穷，让我们自叹不如。

三、大班美术活动——"不起眼的小石头"

（一）目标：

1. 将建筑材料中的小石头与其他材料组合，体验平凡材料创造的艺术美。
2. 利用日常经验大胆想象，表现生活的丰富多彩。

（二）活动准备：

1. 幼儿作品PPT
2. 各种颜色和大小的石子；
3. 炫彩棒、白色正方形KT版。

（三）活动过程：

1. 再现经验

（1）看看：老师带来的宝贝是什么？

（2）思考：一块普通的小石头，为什么说它是宝贝呢？

（3）谈论：石头在我们的城市可是有大用处，它有什么用处呢？

（4）体会石头的用处真大：虽然石头看上去小小的很不起眼，但是它对我们的城市、对我们的生活都很有用。

2. 观察思考

（1）今天小石头来到我们幼儿园，它想和蜡笔一起画画。

（2）小石头看见小朋友在用蜡笔画画，它往小朋友画的东方明珠画纸上一跳，图画就变了样，小石头代替蜡笔变成了什么？

（3）蜡笔见了好高兴："好神奇，小石头还能画画呢，请再跳到我的画面上，你还能变成什么呢？"

（4）用石头来画画，真是又省力，又漂亮，比原来的图画更有趣。小石头说：蜡笔的本领也不小，画上有好些地方我可做不好，哪些地方还是用蜡笔方便呢？

（5）究竟谁来画画好呢（体会各有各的长处）？还是让小石头和蜡笔一起画画吧。

3. 创造表现

(1) 设想主题，初步交流

小石头知道小朋友都是画画高手，它们想和小朋友一起画画，你们愿意吗？

你们最喜欢画什么呢？哪些地方可以让小石头代替蜡笔呢？

(2) 过程要点：

① 确定主题：最喜欢什么（地方、人物、动物、活动等）或最擅长画什么；

② 石头可以代替蜡笔放在画里的哪一个部分？（分享幼儿各种放石头的好方法）

③ 为自己的作品起名字；

④ 围绕已确定的名称，丰富画面内容。

4. 合作拼搭一面石头墙

(1) 介绍石头画的名字，共同组合成石头墙。

(2) 从每一幅画上选一块石头，说一说它代替了什么？

问题引导的重要性

——以"图形小镇"一课为例

向阳幼儿园　包宇菲

一、背景

在《周围的人》主题活动中,孩子们收集了许多有关房屋建筑的资料。他们开始对各种房屋的造型及功用有了再进一步的认知和创造的欲望。于是,在图书吧中,我投放了各类可供幼儿查阅的房屋资料。其中,《这是什么形状》这本图书,深深地吸引了孩子,引发了孩子们的讨论。孩子们发现,建筑师们在设计各种房屋时,都是用他们生活中所认识的图形来创作设计的。因此,激起了孩子们想用已有经验进行组合帮助小库和小玛。结合孩子们的兴趣点,因此我设计了美术活动"图形小镇"。目的在于帮助孩子们尝试用图形组合方法创造性地表现不同房屋的特征。重现日常观察的点滴印象,并在老师创设的情境中充分地想象,引起幼儿关注物体主要特征的兴趣,培养孩子们的观察能力。

二、活动目标

1. 尝试用图形组合方法创造性地表现不同房屋的特征。
2. 在帮助小库和小玛建造小镇的情境中体会朋友间相互帮助的快乐。

三、活动过程

（一）故事导入——小库和小玛的小镇

★　提问：小库和小玛的朋友是谁？（这个问题是递进性提问,通过前期的经验阅读图书,激发孩子们的兴趣。）

小结：小库和小玛有许多好朋友,可是小镇上只有一幢房子,要请那么多的朋友一起到小镇上来居住,小库和小玛说：看来只有造新家了。

（二）讨论比较——房子变变变

1. 欣赏小库和小玛造的新家

★　妈妈看见了,连忙摇头说："没有朋友会住进你们造的新房！"这是怎么回事？

★ 小结：糟糕！小库和小玛造了一幢和自己的家一模一样的房子。现在，他们又要重新造新房了。这次，小库对小玛说，这次我们不能再造同样的房子了。<u>（这个问题是递进性问题，让孩子们知道不能造和自己的家一模一样的房子，这样没有朋友会住进你们造的新房。目的是为了让孩子们更加有明确性。）</u>

2. 示范讨论造新家——房子变变变

★ 于是，小库和小玛一起出发，找来许多建筑材料，他们都找来了哪些图形材料呢？<u>（这个问题是层次性提问，根据图形的难易程度进行的提问。激发孩子们尝试用图形组合方法，创造性地表现不同房屋的特征。）</u>

（三）创意表现——我来造新房

1. 让幼儿当建筑师，选择小镇上的空地，学着小库和小玛造新房。
2. 幼儿创意造新房。

（四）分享欣赏——热闹的小镇

1. 幼儿将自己的作品放入图形小镇的拼图中，共同分享交流。
2. 介绍幼儿的作品，教师给予肯定。分辨有没有会走错的房子，找一找有哪些不同功能的房子。

四、我的思考

（一）提升经验中的有机整合

这个活动的情境取自于一本图书《小库和小玛》，该书主要指向对图形的认知以及在原有图形中的再创造。本次活动设计中尝试注入整合的理念，将表达（用图形组合和添画的方式表现生活中常见房屋的外形特征）、认知（认识常见的图形，建立初步的组合概念）、语言（了解故事情境，大胆地参与交流）、情感（体会朋友间相互帮助的快乐）等融为一体。我选择将创意表现作为本次活动的重点，在幼儿积累艺术表现经验的过程中将图形的认知创造性地组合，物体由整体绘形到局部勾画，以及语言的交流自然结合，努力做到既有效整合又突出重点。

（二）情境设计中的环节递进

活动依托儿童文学作品的生动意境，通过层层递进的三个环节，融幼儿创意表现和情感体验于一体，做到首尾呼应。让幼儿在情境的驱动下积极投入学习活动。

第一个环节：以小库和小玛建造"两个一模一样的家"着手，引发孩子讨论一模一样的新家会发生什么样的事情。通过讨论,孩子们将生活中的经验迁移,一样的新家会让人跑错家。

第二个环节:"讨论比较——房子变变变"中,运用当前已有的识别图形能力,借助于创意表现的媒介,激发幼儿去仔细观察生活中的真实物,将笼统的符号转变为清晰的图像,促进幼儿有意注意的发展。

第三个环节:在"创意表现——我来造新房"的过程中,幼儿创意表现的作品成为情节开展过程中的道具,使每一个图形富有灵性,最后将幼儿创作的新家用拼版的方式呈现,将活动推至高潮:让每一个建筑师尝试到了成功的喜悦。

(三)创意表现中的师生互动

在活动设计时,我会认真考虑如何设问,根据对本班孩子的了解(回答的方式、已有的经验、挑战的承受能力等)设想孩子可能会有哪些答案,自己如何应对,都做一些最基础的估计。

1. 在共同分享小库和小玛在图形仓库中,找到那些图形宝宝时,不应机械重复幼儿的回答,或从生活的视角挖掘孩子已有的经验,或从幼儿表达表现的角度进行引导,将孩子的回答加以提炼或深化扩展,使幼儿在分享交流中扩展经验。

2. 在幼儿创意表现过程中,根据幼儿创作过程中的问题,或引导幼儿再进一步思考该物体的特征,使符号变成清晰的图像;引导幼儿设想与同伴不同的创意……如指导个别能力强的幼儿建造高楼和联体别墅时,老师采用情境语"小镇上的空地越来越少了,可是要到小镇上和小库和小玛一起居住的动物朋友越来越多了,谁会想出好办法,让那么多的朋友都能住进小镇等"。

3. 在图形再创造的情景中:做到尊重幼儿的选择,鼓励幼儿不断尝试将圆、方、三角等图形进行创作,并用榜样的示范作用,大胆鼓励肯定幼儿的表达和表现,一次次努力接受挑战,验证自己的房屋设计的想法,直至最后建造出漂亮的小镇。

4. **教具设计中的审美元素**

审美元素渗透在我们生活中每一个角落,作为一个教师应该善于挖掘和提炼。尤其是在幼儿的创意表现中在教具制作中要有意识地融入审美的元素。

图形的设计:从原来单一的一个图形到大小不同的一种图形的重叠放置,为的是让幼儿可以在图形外添加,避免因单一图形约束幼儿的创意表现。

道具拼版的创意设计:耳目一新,便于操作、尊重幼儿的选择,给人以美感。尤其是拼版和幼儿的创作绘画,将整个空间融为一体,给幼儿以整体的美感;成为情节的展开的必要道具。

五、我的反思

（一）围绕目标的问题引导

"图形小镇"的活动目标为：(1)尝试用图形组合方法，创造性地表现不同房屋的特征；(2)在帮助小库和小玛建造小镇的情境中体会朋友间相互帮助的快乐。

在制定目标的时候关注到了幼儿兴趣，采用故事情境导入。小库和小玛来到了一个图形小镇，图形小镇真美，弯弯的小路，绿绿的小草，红红的房子真漂亮！他们真喜欢这个小镇，可是奇怪的是这个小镇只有一幢房子，小库和小玛也想住下来怎么办呢？情境导入引发了孩子设计更多房子的愿望！有很多小动物也想住到这个小镇来，他们会需要怎样的房子呢？

第二目标是活动的重点，本次活动希望幼儿能完成用各种图形组合来设计房子。出示了脖子长长的长颈鹿、身子庞大的大象和个子小小的小老鼠等，引发了孩子不同的创作设计。活动中孩子开始用不同的图形设计不同的房子。目标就应当反映核心经验，要能够抓对、抓牢核心经验。

（二）设计有效的问题

最初设计的主要问题分别是：(1)了解故事，进入主题——那么大的小镇，却只有一幢房子。他们开始想念森林里的其他动物朋友了，希望他们也能搬来一起住。怎么办呢？(2)讨论比较，如何造房——看看有哪些图形呢？我们来看看他们会造出什么样的房子？你们喜欢吗？为什么？那房子到底该怎么造呢？(3)教师示范，集体操作——那么你们来设计，你们觉得怎样的房子才适合这些朋友呢？如果是长颈鹿要住过来，我们要造幢怎样的房子呢？小镇还有许多空地需要我们一起来建造房屋，大家一起帮助小库和小玛快点完工好不好？

经过课后的反思，还可以再适当的追问，除了××图形还有其他图形也能设计成房子的屋顶？这样就能更加开阔幼儿的思维，帮助幼儿利用各种图形设计房屋。

（三）调整教师的教学策略

整个活动觉得上下来很轻松，环节很顺畅，师生互动也很热烈，可是事后觉得缺少了一点生生互动，是否可以在作画的环节前增加一个让幼儿小组讨论自己房子的想法，是否能更好地开拓幼儿的思维。

幼儿虽开始关注细节，大多数表现的还都是单个或极简单的图形组合。对一些轮廓比较复杂的物体，往往就会因无法把握而回避。所以，在幼儿逐步形成关注细节的经验以后，我还将进一步引导幼儿面对外形较为复杂的物体，尝试运用将物体的基本部分分解为数个熟悉的图形加以组合的方法来化解难点，在图形组合中，除将观察对象分解为数个熟悉的图形外，更有待区别各图形的大小、方位等空间关系的观察和判断能力的提高，这些在成人看来似乎不是问题的问题，对幼儿都是不小的挑战，此时，幼儿在面对挑战中，不断尝试，逐步领悟，才会以自己的方式创造出更为精彩的更多的图式。

只有关注孩子在活动中的发展，及时地调整活动，才能与孩子进行更好的互动。"问题引导"可能是我们在设计活动、实施活动时永远要思考的。

两个与众不同的"优⁺"

上海市育鹰学校 杭胆锋

前些天来到中华艺术宫观展,当看到沈行工和闫平的画时,心绪不免激荡起来,不觉让我想起了两年前发生的深刻一幕。

四年级2班,是我只上过一节美术课的班级。当我把这节课的绘画内容、方法和要求通过示范给学生看后,他们对我的示范表示非常惊叹,自然我对自己的表现也是颇为得意,相信学生们照着我的方法画,效果一定不错。可就在大家埋头作画时,两位学生的异常表现引起了我的注意。

宇凡,一位东张西望的男同学。他没有在画画,但神情焦虑。宇凡同学的家庭情况我略知一二,父母平时很节俭,上节课带来的绘画材料我一眼认出是已回老家的姐姐用剩的。另一位是个子高高的女生小颖——学校篮球队队员,她是在不停地画,可嘴里总是嘟咕着,叹着气,一脸茫然。

我走近宇凡身边问他:"为什么不画啊?"他低下头,羞涩地说:"颜料忘带了。"他似乎做好了接受我批评的准备,其实我也知道,可能是用完了,因为这盒颜料还是去年我送给他姐的。"快到讲台上把老师刚才示范用的调色盒拿来用吧。"但他还是胆怯,不敢动身,"再不去,下课拿什么交作业啊?"这时他才蹑手蹑脚地去拿颜料。他用课前向同学借的一支水粉笔和我提供的颜料,既不洗笔也不换笔,还不抬头看示范作业,从头到尾专注地画着。我既欣慰又无奈。然而,临近结束时,着实让我一惊,他的画用笔干脆、色彩厚重、构图大胆、独特,真是一幅好画!

小颖边画边说:"我不会画,画得难看死了,真想把它给撕了……"当我走过去想看看她的画时,她急忙用双肘挡住画面对我狠狠地说:"画得不好,不许看。"我笑一笑说:"不让看,那我如何给你批成绩啊?"在第二次巡视时,我扫视到了她的画,啊!我太喜欢了,那色调美极了。不过,我还是装作没看到,没去影响她完成作业。课堂评价时,我把按示范方法画的作业贴到黑板上,也请他俩把作业贴上。当然,小颖是在我几次劝说下才同意的。学生们先评了按照老师示范画的两幅,说了许多优点。我也给作业打了"优"。然后再请学生评述他俩的作业。学生甲说:"他们画得不对,因为都不像课本上的,也没有老师画的有螺旋纹,叶子也不是一片片的。"学生乙说:"宇凡同学画得太脏,树形不对,树梢粗、树干细。"学生丙说:"小颖同学的树干色彩变化不明显……"他俩作业被同学批得体无完肤，一个羞愧低头，一个满腔愤怒。这时我缓缓地在他俩的作业上写了"优⁺"。这时，同学们鸦雀无声，他俩用怀疑的眼神看着我。我说："老师喜欢他俩的画是因为他们能把自己的思想画出来。能把自己的情感画出来……"课后，我看到了同学们向他俩投去佩服的眼神，也看到了宇凡对我的微笑、小颖羞涩中的得意。

　　这节课的情景真是历历在目。毕加索说："我十六岁时可以画得像大师那样，但我却用一生的时间去学会像儿童那样作画。"艺术的实质是情感，是大胆的想象，是无忌的创造。儿童画是一片未被世俗污染的净土，也许他们在无畏的凝神画作中，闪现了艺术本体的灵光。所以，大师们追求艺术的真谛时，往往从儿童画中得到启发，追求返璞归真的天然状态。奔放的情感、幼稚的笔触、无拘的思维、奇特的色彩，学生往往在无干扰中创造了美。大师们在经历一个由天真到成熟、由成熟到僵化、进而又追求原始萌动的轮回后，往往又回归到儿童的本真。这堂课让我懂得：小学美术教师要给予学生课堂体验的空间和时间，要坚信孩子的天赐与才能，坚信美是可以依靠情感来表现。所以我们在课堂上的教学应多关注引导学生有与众不同的创造，鼓励他们用独有的方式表达自己的情感，也许一件艺术作品的诞生就出自你的一点宽容、一个帮助、一句肯定。

第三部分

滨江主题画

154　跟随 美 的足迹

▲ 江萍　巨臂绘新图　水彩画

滨江主题画

▲ 包宇菲 美丽的滨江 水彩画

156 跟随美的足迹

▲ 方放　忆往惜今　水彩画

滨江主题画

▲ 方放　漫步滨江　水彩画

158 跟随 美 的足迹

▲ 方放　老码头的记忆　水彩画

滨江主题画

▲ 杭胆锋　驳船码头1　水彩画

▲ 杭胆锋　驳船码头2　水彩画

滨江主题画

▲ 黄兰　往昔　水彩画

▲ 陆伟莉　建设滨江　水彩画

滨江主题画

▲ 俞健　滨江一角　水彩画

▲ 王巍　滨江老街　水彩画

滨江主题画

▲ 王巍 红色塔吊 水彩画

▲ 朱麟　记忆中的十七棉纺厂　水彩画

滨江主题画

▲ 朱麟　滨江一角：杨树浦电厂　吹塑纸版画

168 跟随美的足迹

▲ 朱勤　畅想滨江　水彩画

滨江主题画

▲ 钟一芬　晨曦的滨江　水彩画

征稿指南

《上海商学院学报》是上海商学院主办的系列学术集刊,作为1932年11月上国团创办的《商业月报》的传承,本学术集刊"凤凰涅槃重生",将植根不断变化的时代场景中,始终不忘初心与使命,致力于推动中华优秀传统文化转化等方面的新锐学术与新思想的多元交融与深度探究,用更深邃的思辨激发新的流行。

《上海商学院学报》已出版发行了"百年商学",未来将继续主题"乃本诚",乃学,接着,我们将着重围绕"乃变化""科技创新""城市美好""机器新人""乃商因应新变"等主题前瞻征稿。

有征稿体要求如下:

海派商源

围绕"海派商源""乃乃诚"将不同时代、"海派商源"的四个视角,深入海派商学的内在历史和文化源头流变,系统梳理与体现市的传承与创新活力与源流的基础研究,字数约为 10 000~12 000 字。

别开一面的

借鉴于国内外著名学科机构的思考,对当前城市研究的突破,展示其最前沿性问题,并进行问题的梳理分析和研究,字数为 10 000~12 000 字。

商学为浪

围绕主题,为立论破题,领域看专家的资深对话,形态为深度文章,字数约为 8 000 字。

商海图库

围绕主题,由一位专家引发起并主持,与多名专家学者展开思想性的进行性商榷,形态为深度圆桌讨论文章,字数为 5 000~8 000 字。

人文蕴魂

用步一种方式来推演商题,如用社会学、人类学、科学、文、历史、哲学、大学、艺术学等来阐释与"接踵的打节",方法和历史进行商榷,字数约为 8 000 字。

智者视图

本栏目下设"乃创见""国潮新""创意家""奇子栏目",从各角度对焦或预测商业的领异流变,字数约为 5 000 字。

本栏目征稿的300~400字的英文摘要约3~5关键词,题目的结构摘要须自己和作品为什么作品是本栏目、为什么思。所有未来精的观点观点,不能泛用与及所引用的方式,凡经本刊刊录本文集使用的稿件,即默为本文集,作者同意授权本文本集,网站数据传播和传播等,即默认为作者同意授权本文集及其文集作数字化传播。

编委会投稿方式

投稿邮箱: surfebr@mail.shufe.edu.cn
通讯地址: 上海市杨浦区中山北一路369号
上海财经大学商学院
《上海商学院学报》编委会(邮编:200083)